Schleswig-
Holstein
© Edition Temmen
N
0
10
20
30 km
Kieler
Bucht
Fehmarnbelt
Fehmarn
Burg
Mecklenburger
Bucht
Lübecker Bucht
Laboe
Schmoel
Probstei
Panker
Heiligenhafen
Oldenburg i.H.
B 202
Lütjenburg
Farve
Bungs-
berg
Preetz
Bad Malente –
Gremsmühlen
B 76
E 47
Plön
Eutin
Brodau
Holsteinische
Schweiz
Neustadt i.H.
A 21
Ratekau
Travemünde
Bad Schwartau
Bad Segeberg
B 206
A 21
Nütschau
A 1
A 20
LÜBECK
Bad Oldesloe
Elbe-Lübeck-
Kanal
Behlendorf
Ratzeburg
B 404
Mölln
Gudow
A 24
Basedow
B 209

Werner Scharnweber

Schleswig-Holstein

Reisebilder

Mit 312 Abbildungen

EDITION TEMMEN

Werner Scharnweber

Schleswig-Holstein

Reisebilder

Mit 309 Abbildungen

Edition Temmen

Sofern keine andere Quelle angegeben ist,
stammen alle Aufnahmen von
Werner Scharnweber

Umschlagbild:
Leuchtturm List-Ost auf Sylt

3., aktualisierte und ergänzte Auflage 2006

Hohenlohestr. 21 – 28209 Bremen
Tel. 0421-34843-0 – Fax 0421-348094

Satz und Karte: L.P.G. Bremen
Herstellung: Edition Temmen

ISBN 3-86108-498-8

Inhalt

Zum Geleit 7

VORAB 9
Geographisches 10
Schleswig-Holstein - Zahlen und Fakten 12
Ein Land - zwei Meere 14
Küsten 15
Landschaft 16
Die Bewohner 17
Groß und breitschultrig 18

DER OSTEN 19
»Happy Flensburg« 21
Am Nordermarkt 22
Flensburg - schön gebaut 23
Nordertor 24
Schiffergelag und die Getränke 26
Flensburger Rum 27
Das Schloß im Wasser 28
Noch immer ein Geheimtip: Landschaft Angeln 30
Bismarckturm 32
Veto gegen Nieby 33
Der Fischzaun von Kappeln 35
Kappeln - malerisch 36
Kleinste Stadt 38
St. Johannis-Armenstift 40
Eckernförder Spaziergänge 42
Unter Segel 44
Ostseesturm 45
Zwischenzeit 47
»Kieler Woche« 48
Stadtbild 50
Kiel anno 1833 52
Hafenbilder 53
Wo die Victoria regia blüht 54
Erfindungen 56
Laboe 57
Kloster Preetz 58
Kurhessen in Holstein 60
Panker hat Stil 62
Rapsblüte 63
Schloß über Stadt und See 64
Stimmungsvoll 65
Holsteinische Schweiz 66
Das Schloß Eutin 68
Der Schloßgarten 70
Rosenstadt 71
Wo das Land endet 72
Der Bungsberg 73
Holstentor - mit einer Stimme gerettet 74
Das Rathaus 76
Kaufmannsstadt 78
Entschädigung 79
Füchtings Hof 80
Lübeck anno 1856 81
Stille Großstadtwinkel 82
Wasser für Lübeck 83
Schnäppchen 84
Travemünde um 1855 85
Prachtbau und feiner Brunnen 86
Der schiefe Turm von Ratekau 88
Die Mühle von Farve 89
Stadttor und Pagodenspeicher 90
Torhaus und Kornscheune 92
Das Schiff der Slawen vor 1000 Jahren 94
Hauptstadt der Obotriten 95
Der »6. Erdteil« 96

DER SÜDEN 99
Von Heinrich Rantzau zu den Benediktinern 100
Das »Herzogtum« war gerettet 102
Mölln und die Sache mit Till 104
Kanäle für Lübeck 106
Dom in Backstein 108
Der Löwe vor dem Dom 109
Die von Bülow auf Gudow 111
Behlendorfer Dorfspaziergang 112
Schipperhöge und Eierpunsch 114
50.000 Taler Elbzoll 115
Von Barock bis zur Postmoderne 116
Itzehoe um 1855 117
Malerisch 118
Tief gesunken 120
Die letzte Schöpfwindmühle 121
Renaissance-Rathaus - das zweite 122
Fortuna auf der Kugel 124
Die älteste Drehbrücke 126
Entwässern 127

DIES UND DAS ... 129
Morgenstunde 130
Land der Rosen 132
Unter dem Reetdach 134
Nun blühen sie wieder 136

Fünf Eichen	137
Badewetter	138
Fischerei	140
Fischerei in Zahlen	141
Der vermahlene Wind	142
Farbenpracht	144
Nord-Ostsee-Kanal	146
Die »verschobene« Steinzeit	148
Winterliches	149
Die Eider	150
Eiderwasser	151
Windmühlen	152
DIE MITTE	**153**
Segeberger Kalkberg	154
Der Roland von Bad Bramstedt	156
Wo Wiebke Wäsche wäscht	157
Bad Bramstedt 1907	158
Drumherum ist Schleswig-Holstein	159
Neumünster - einfach so	160
Neumünster um 1824	161
Emkendorf, Knoop und Schimmelmann'sche Gelder	162
Markenzeichen	164
Knick kommt von Knicken	165
Johann Bruyn sei Dank	166
Am Wittensee	167
Im Skulpturenpark	168
»Blaue Linie«	169
Tetenhusener Moor	172
Auf dem Holm	174
Friedrichsberger Details	176
Angenehme Lebensart in Schleswig	177
Schloß Gottorf	178
Der Runenstein von Busdorf	180
Die Wikinger von Haithabu	181
Am Giselaukanal	184
Verbindung	185
Die Heide	186
Abseits	187
Dorfspaziergang	188
Holländisch	190
Drei-Flüsse-Landschaft	192
Zauberwäldchen	194
DER WESTEN	**195**
Dithmarschen - Richtigstellungen	196
Crangon crangon	199
Eiderstedts Kirchen	200
Leuchttürme	202
Pharus - der Leuchtturm	203
Das Eidersperrwerk	204
Schwarzberger Moor	206
Storm'sche Spuren und das Schiff von Uelvesbüll	208
Husumer Torhaus	210
Nordstrand	211
Nordseeluft	213
Ebbe und Flut	214
Faszination Watt	216
Wildgänse	218
Land hinterm Deich	219
Reetdachkirche, Schleusenkrug und Binsenflechterei	220
Wiedingharde	222
Insel seit 8000 Jahren	224
Sylt = Söll	225
Sylt - immer	226
Badeordnung Westerland - anno 1894	227
Sylter Broterwerb	228
Erdgeschichte »aufgeblättert«	230
Friesengiebel	231
So ist das mit Kampen	232
Dünenwelten	233
Die Vögel im Watt	235
Zu den Seehundsbänken	236
Amrum solide	238
Weiße Düne	240
Naturbilder am Meer	241
Inseln und Halligen	242
Hallig Hooge	244
Vor dem Deich	246
Die grüne Insel	247
Helgoland	248
Höchst notwendige Schlußbemerkung	250
Orts- und Sachregister	251

Zum Geleit

Unser Land hat viel zu bieten: einzigartige Kulturlandschaften, eine großartige Natur, viele kulinarische Köstlichkeiten und sehenswerte Zeugnisse einer verwickelten, interessanten Landesgeschichte. Unermüdlich ist der Reiseschriftsteller und Fotograf Werner Scharnweber im Land zwischen den Meeren unterwegs - immer auf der Suche nach den besten An- und Einsichten. Mosaikstein für Mosaikstein fügen sich seine Aufnahmen zusammen zu seinem Portrait unseres Landes, das uns zur Ehre gereicht: Ein schönes Land in schönen Bildern!
Ich bin froh, dass sich Werner Scharnweber mit seinen Reisebildern aus Schleswig-Holstein zu einem Botschafter des Landes macht. Ich wünsche mir deshalb, dass die Leserinnen und Leser, die Betrachterinnen und Betrachter das Buch, das nun schon in der dritten Auflage erscheinen kann, immer wieder gern zur Hand nehmen. Mögen Sie sich eingeladen fühlen, einmal selbst im Land auf Reisen zu gehen.

Peter Harry Carstensen
Ministerpräsident
des Landes Schleswig-Holstein

Das rote Boot und die Möve. Ein Schleswig-Holstein-Bild wie bestellt. Eine Aufnahme im Kieler Hafen.

VORAB

Geographisches

Die geographische Lage Schleswig-Holsteins ist leicht zu erklären: Links ist die Nordsee, rechts die Ostsee, oben Dänemark und unten die Elbe. Jedenfalls, wenn der Mensch auf eine Landkarte schaut, bei der - wie gewohnt - oben gleich Norden ist.
Schleswig ist der nördliche Landesteil, von der dänischen Grenze bis zum landquerenden Flüßchen Eider. Holstein ist der - größere - Rest, südlich davon bis zur Elbe.
Bereits jedem einheimischen Grundschüler wird in Heimatkunde beigebracht, man habe sich das Land außerdem in Nord-Süd-Richtung in drei Streifen geschnitten vorzustellen: Im Osten das Hügelland mit wertvollen Ackerböden, in der Mitte die sandige, sogenannte Geest und im Westen flaches, schweres, fettes Marschland.
So ungefähr stimmt das sogar.
Die Landeshauptstadt ist Kiel, was den Lübeckern nie gefallen hat. Verständlich, schließlich war Thomas Manns Geburtsstadt schon »Königin der Hanse«, als Kiel noch Mühe hatte, aus dem Stadium eines Fischerdorfes herauszukrabbeln.
Der südöstlichste Landkreis in Schleswig-Holstein heißt »Kreis Herzogtum Lauenburg«. Genau so: mit »Herzogtum« als offiziellem Bestandteil des Namens. Das ist historisch bedingt.
Von den Bergen (der höchste bringt es auf 167 Meter), von Förden, Flüssen, Seen, Städten, Dörfern und Landschaften wird im einzelnen noch zu reden sein.
Machen wir uns auf den Weg.

Schleswig-Holstein – Zahlen und Fakten*

Größe:		15.763	Quadratkilometer

Nutzung der Bodenfläche:

- Landwirtschaft:	73,0	%
- Wald:	9,3	%
- Wasser:	4,8	%
- Gebäude und Betriebsflächen:	6,3	%
- Verkehr:	4,0	%
- Sonstiges:	2,6	%

Küstenlinie Ostsee (einschl. Fehmarn, ohne Schlei):		328	Kilometer
Küstenlinie Nordsee (einschl. Inseln und Halligen):		468	Kilometer
Größte Insel:	Fehmarn,	185	Quadratkilometer
Größter See:	Großer Plöner See,	29	Quadratkilometer
Längster Fluß:	Eider,	180	Kilometer
Höchster »Berg«:	Bungsberg,	167	Meter
Wichtigster Kanal	Nord-Ostsee-Kanal	99	Kilometer
Einwohner:		2.827.897	(Stand März 2005)

Landtagspräsident:	Martin Kayenburg
Ministerpräsident:	Peter Harry Carstensen

* Angaben nach Unterlagen, die die Pressestelle der Landesregierung im August 2003 und das Statistische Amt für Hamburg und Schleswig-Holstein (Statistikamt Nord) im September 2005 zur Verfügung stellten.

Ein Land – zwei Meere

Die Ostsee zur einen, die Nordsee (die unsere Altvorderen treffend Westsee nannten) zur anderen Seite. »Land zwischen den Meeren« – diesen Namen trägt Schleswig-Holstein zu Recht. Ein Land, zwei Meere. Einmalig in Deutschland. Von Ost nach West, von West nach Ost ist Schleswig-Holstein schmal. So sind es von Küste zu Küste kurze Wege. Wer will, kann problemlos morgens in der Ostsee, nachmittags in der Nordsee baden. Oder umgekehrt. Oder am Strand spazierengehen. Zum Sonnenaufgang an einer Ostsee-Steilküste, zum Sonnenuntergang auf einem Nordsee-Deich.

Immer auf's Neue fasziniert das »Schauspiel Meer«. Jeden Tag anders. Tiefblau heute, jadegrün morgen, dann grau oder weißschäumend. Von spiegelglatt bis sturmgepeitscht. Von leisen, kleinen Gluckerwellen bis donnernde Brandung. Wolken und Sonnenstand, die Jahreszeiten, Wind, Sturm oder Windstille, auch Regen, Nebel, Schnee und Frost bestimmen das wechselnde Aussehen des Meeres. An der Nordsee zudem Ebbe und Flut.

Küsten

Die Natur hat es gut gemeint. Nicht nur zwei Meere, sondern die unterschiedlichsten Küstenformationen hat sie den Schleswig-Holsteinern (und den Gästen) beschert: Steilküsten, lange, weite Sandstrände, sogenannte Ausgleichsküsten mit Nehrungshaken, Strandwällen und Strandseen, Dünenküsten, vorgelagerte, bei Ebbe ›freie‹ Nordsee-Sandbänke, Vorland- und Wattküsten. Manche Küstenabschnitte sind für's Touristische fein hergerichtet. Andere blieben rustikal-naturbelassen.

Die Küsten der Landes in ihrer Verschiedenartigkeit gründlich zu erkunden, braucht es mehr als einen Urlaub.

Landschaft

Städte, Gemeinden, Dörfer, Siedlungen, Gutshöfe - besuchenswert, ansehenswert, lebenswert, liebenswert. Trotzdem: Was wären sie ohne die freie Landschaft dazwischen? Sie gibt den Rahmen, vielfältig, abwechslungsreich, landestypisch. Die Landschaft in allen ihren verschiedenen Formen und Farben macht dieses Schleswig-Holstein unverwechselbar, einzigartig. Zwischen Nord- und Ostsee, zwischen Elbe und Jütland.

Zum Beispiel, wenn im welligen Land im Osten das Korn reift, wenn der Sielzug aus der Marsch die Eider erreicht, wenn das Hecktor gerahmt wird vom blühenden Birnbaum. Wenn die roten Beeren des Pfaffenhütchens dem Wind trotzen, der einsame Schwan auf einem versteckten Kleinsee seine Bahnen zieht, der Entwässerungsgraben die geschwungene Linie des Deiches nachzeichnet oder der Löwenzahn die Wiese im zeitigen Frühjahr gelb verzaubert.

Die zu über 70% von der Landbewirtschaftung geprägte Kulturlandschaft ist ein Markenzeichen des Landes.

Die Bewohner

Junge Schleswig-Holsteiner

Zur Kategorie der sich stets unkompliziert-heiter präsentierenden, allzeit munter darauf-los-plaudernden sogenannten Frohnaturen gehört der Schleswig-Holsteiner nicht. Aber er ist deshalb noch lange kein gedankenschwer in-sich-gekehrter Griesgram. Nur trägt der typische Bewohner dieses Landes seinen jeweiligen Gemütszustand nicht fortwährend und für jedermann sicht- und hörbar vor sich her.

Eine gewisse Bedächtigkeit ist ihm eigen. Das mit Sturheit zu verwechseln, wäre üble Nachrede. Eine spezielle Form schweigend-ablehnender Haltung tritt dann zutage, wenn man ihn vorschnell um Zustimmung zu windigen Ideen, unklaren Absichten oder unredlichen Handlungen nötigen will. Merke: Schleswig-Holsteiner muß man überzeugen, überreden kann man sie nicht.

Zu einigen weiteren, allgemein anerkannten Attributen diesen »Menschenschlages« gehören: arbeitsam, gründlich, gastfreundlich (ohne Anbiederei), Sinn für Gerechtigkeit.

Groß und breitschultrig

Im übrigen stellt die vorstehende Beschreibung dieses »Typs« ein Grobraster dar. Die Wahrheit liegt in den Feinheiten. Und da zeigen sich erhebliche Unterschiede. Zum Beispiel zwischen Dithmarschern und Angelitern, zwischen Holsteinern und Inselfriesen, zwischen Lauenburgern und Eiderstedtern. Und so weiter.
Möglich, daß es *den* Schleswig-Holsteiner gar nicht gibt.

»Schon eine oberflächliche Beobachtung unserer Bevölkerung läßt erkennen, daß die großen, breitschultrigen Gestalten hier nicht zu den Ausnahmen gehören.
Als (...) Ursache für die Entwicklung der Körpergröße muß die durchweg gute Ernährung des Schleswig-Holsteiners angesehen werden. Überall wird viel Fleisch, Speck, Mehlspeisen, Milch, Butter und ein sehr kräftiges Brot gegessen.«

(Aus: *»Die Provinz Schleswig-Holstein«* von *Johannes Schmarje, 1904)*

DER OSTEN

... das ist das fruchtbare Hügelland zwischen Flensburg und Lübeck. Mit den Landschaften Angeln zwischen Flensburger Förde und Schlei, Schwansen zwischen Schlei und Eckernförder Bucht, mit der Halbinsel Dänischer Wohld zwischen Eckernförder Bucht und Kieler Förde. Und mit Probstei und Wagrien zwischen Kieler Förde und Lübecker Bucht.

Städte im Osten heißen Flensburg, Glücksburg, Arnis und Kappeln, Eckernförde und Kiel, Lütjenburg, Heiligenhafen, Oldenburg und Bad Schwartau. Sowie Preetz, Plön und Eutin an den Seen der »Holsteinischen Schweiz«. Und natürlich Lübeck.

Auch die einzige Ostseeinsel des Landes gehört zum schleswig-holsteinischen Osten: Fehmarn, im Volksmund auch der »6. Erdteil« genannt.

SCHUHE
Bequemschuh
Schuhreparatur
Einlagen nach Maß

»Happy Flensburg«

»Farbe stimmt fröhlich«, wissen die Flensburger. Folglich zeigt sich die schöne Fördestadt vielfach in freundlichem Farbenkunterbunt. Keine Spur vom »grauen Norden«. Wohlgepflegte Schmalstraßen - hier Gänge genannt - und »auferstandene« idyllische Hinterhöfe, zum Beispiel in der »Rote Straße« sind weitere Sehenswürdigkeiten in »happy Flensburg«.
Für intensive Blautöne ist das Hafenwasser zuständig. Die Schiffe im Museumshafen zeigen dazu eine komplette Farbpalette.
Flensburg - eine Stadt zum Wohlfühlen.

Farbiges Flensburg

Am Nordermarkt

Ein mild-warmer Augusttag im Sonnenschein. Der Flensburger Nordermarkt - kleiner, geschlossener, irgendwie intimer als sein größerer Bruder Südermarkt - hat sich südländisches Flair zugelegt. Unter großen Sonnenschirmen läßt sich's in Straßencafes gemütlich sitzen. Flankiert wird die fröhliche Szene vom Schrangen. In diesem 1595 errichteten Gebäude hatten anfangs die Bäcker, später die Schlachter ihre Verkaufsstände. Der Neptunbrunnen aus dem Jahre 1758, inmitten des kleinen Platzes, ist feines Rokoko in Sandstein. Der steinerne Bäckerjunge mit dem Brotlaib in der Hand schaut gegenüber vom ersten Stock eines Hauses herab auf das bunte Treiben am Nordermarkt.

Der Nordermarkt in Flensburg

Der Schrangen am Nordermarkt

Flensburg – schön gebaut

»Flensburg, Haupthandelsstadt im Herzogthum Schleswig, und die wichtigste Stadt des Landes, am Flensburger Wick; schön gebaut; 15 000 Einwohner; ein Hafen mit 3 Schiffswerfften; Gymnasium, Hospital, Compagniehaus an der Schiffbrücke; Zuckerraffinerien, Tabaksfabriken, Segeltuchmanufaktur. Viele Branntweinbrennereien, Färbereien, Papier- und Kupfermühle, Berlinerblaufabrik, Börse, Schauspielhaus, Waisenhaus, 4 Lesebibliotheken.«

(Aus: *»Allgemeines geographisches Wörterbuch«* in der *Fassung von J.G.A. Galletti; 1822)*

Der Bäckerjunge vom Nordermarkt

Nordertor

Über die Flensburger Stadttore berichtet Johannes von Schröder in seiner »Topographie des Herzogthums Schleswig« im Jahre 1854 so:
»2 Thore, das Norder- und Rothetor (richtiger Rüdethor); 5 andere Thore, worunter das Friesische- und das Johannisthor, sind in den letzten Jahren weggebrochen.«
Inzwischen wurde längst auch das Rotetor »weggebrochen«. Allein das Nordertor, einst ein Außentor der Stadt, hat »überlebt«. Dem schon geplanten Abbruch entging es 1902 nur knapp. Das 1595 gebaute Nordertor mit den beiden typischen Staffelgiebeln ist ein markanter Restteil der vormaligen Stadtbefestigung. Die Rundbogendurchfahrt im zweigeschossigen Backsteinbau ermöglicht interessante Durchblicke. Auf einer Tafel mit dem Flensburger Wappen ist zu lesen: *»Renov. 1767.«* Und dieser Spruch: *»Friede ernährt. Unfriede verzehrt.«*

Das Nordertor: Oben Wappenstein, links Ansicht um 1900 (Historische Sammlung W. Scharnweber)

Schiffergelag und die Getränke

Detail am ehemaligen Gildehaus des »Flensburger Schiffergelags« (rechts)

Bier wird in Flensburg seit Jahrhunderten gebraut. Wie zum Beispiel die Statuten aus dem Jahre 1654 der Vereinigung »Flensburger Schiffergelag« belegen. Für die Durchführung des alljährlichen »Gelags« (= Zusammenkunft) heißt es im Artikel 7 unter anderem:

»Anlangendt die Getrencke, soll den gelages brüdern freystehen, Rostocker oder Flenßburger bier zu schencken ...«

Der Bierkonsum anläßlich solcher Zusammenkünfte war beachtlich. Für das Schiffergelag 1845 wurden zwei Tonnen Bier bereitgestellt. Die Tonne zu 132 Liter.

Bleibt zu hoffen, daß den Teilnehmern am Schiffergelag (und allen heutigen Biertrinkern) bekannt war (und ist), was Dr. Johann Georg Krünitz im Jahre 1787 im 5. Teil seiner »Oeconomischen Enzyklopädie« aufgeschrieben hat:

»Man kann also überhaupt sagen, daß das Bier, mäßig getrunken, ein sehr gutes und nützliches Getränk sey. Ganz anders hingegen verhält es sich, wenn dasselbe beständig, oder oft und in großer Menge, genossen wird. Die Erfahrung lehret, daß es, auf diese Weise gebraucht, sehr oft Schaden thue ...«

Der Bierkonsum anläßlich des Schiffergelags erfolgte damals in dem 1602–1604 erbauten Gebäude Schiffbrücke 12. Dieses Backstein-Traufenhaus, mit breiter, rundbogiger Durchfahrt, gehört bis heute zu den beeindruckenden Bauten der Fördestadt.

Flensburger Rum

Früher war Flensburg die bekannteste, berühmteste Rum-Stadt zwischen Nordkap und Sahara. Zum Rum waren die Flensburger durch ihre einst große Flotte gekommen. Für die einheimischen Handelshäuser der Stadt brachten die Schiffe Produkte des Umlandes, vor allem Lebensmittel aus Angeln, nach Westindien. Retour hatte man - neben anderen Tropenprodukten - Rohrzucker und Rohrzuckersirup, wohl auch bereits »fertigen« Rum an Bord. Rohrzucker und Rohrzuckersirup sind Grundstoffe des Rums. Johann Theodor Jablonskie hat schon anno 1767 in seinem

Alte Rumfässer auf dem Hof des Flensburger Schiffahrts- und Rum-Museums

»Allgemeinen Lexicon der Künste und Wissenschaften« vermerkt: *»Rum (...), eine Art Brannteweín, welcher aus der zurück gebliebenen Masse des ausgekochten Zuckerrohrs abgezogen wird.«*
Im Jahre 1800 sollen in Flensburg ungefähr 200 Branntweinbrennereien und Spirituosenhersteller tätig gewesen sein.
Heute ist der Flensburger Rum-Ruhm ziemlich verblaßt. Aber noch wird Rum produziert:
Das ehemals kleinste Rumhaus Flensburgs im Johannsen-Hof in der Marienstraße ist jetzt Flensburgs größtes Rumhaus.
Im ehemaligen Zollpackhaus (Schiffbrücke 39), vormals Speicher für unverzollte Waren, läßt sich die große Zeit des Flensburger Rums im »Rum-Museum« nachvollziehen. Im selben Gebäude ist auch das Schiffahrtsmuseum untergebracht.

Das Schloß im Wasser

Schloß Glücksburg
von vorne ...

Im Norden ganz oben: Schloß Glücksburg. Ein wirkliches Schloß! War Glücksburg doch vor Zeiten ein »richtiges« Herzogtum, Residenz eines regierenden Fürsten.
Glücksburg ist ein Wasserschloß, das sich malerisch im aufgestauten Schloßteich spiegelt. Ein wenig erinnert es mit seinen vier Achtecktürmen und seiner gedrungenen Mächtigkeit an eine mittelalterliche Burg. Weiße Mauern und rote Ziegeldächer sorgen dennoch für eine freundliche, keine abweisende Wirkung.

Bauherr war - ab 1582 - Herzog Johann (Hans) der Jüngere von Schleswig-Holstein-Sonderburg. Er ließ auf jenem Gelände bauen, auf dem zuvor 335 Jahre lang ein Zisterzienserkloster, das sogenannte Rudekloster, stand. Christian III. von Dänemark hatte das Kloster 1544 »eingezogen«. Schloß Glücksburg kann besichtigt werden. Außen und innen. In den als Museum zugängli-

chen Räumen sind unter anderem Goldledertapeten, 200 Jahre alte Gobelins, edles Porzellan, schweres Silber, Möbel und Öfen aus früherer Zeit, sowie eine große Anzahl großformatiger Porträtgemälde zu bewundern. Sehr beeindruckend der »Rote Saal«. In etwa vier Meter Höhe überspannt ein aus der Bauzeit des Schlosses stammendes Tonnengewölbe den Saal in der

... und von der »unbekannten« Seite

gesamten Länge und Breite. Feine Stuckarbeiten schmücken den Gewölbe-»Himmel«: Sterne, Rosetten, kleine Kinderkopfbüsten. *»Die Kinderköpfe stellen die 23 Kinder dar, die Herzog Hans mit zwei Frauen (nacheinander) hatte«*, verrät die Saalaufsicht.

Noch immer ein Geheimtip: Landschaft Angeln

Angeln – Halbinsel zwischen Flensburger Förde, freier Ostsee und Schlei. Beachtliche 1000 Quadratkilometer groß, rund gerechnet. Dennoch stadtfrei, jedenfalls im »Landesinnern«. Ein Angeliter Bauer (er bestand auf »Bauer«, nicht »Landwirt«) hat es erklärt: *»Unsere Böden hier in Angeln sind ja meist von beachtlicher Güte. Den brauchten unsere Vorfahren für Ackerbau und Viehzucht. So eine Stadt, die hätte ja viel zu viel Boden verbraucht.«* Sprach's bedächtig und blickte treuherzig. So sind sie, die Angeliter. Soviel stimmt: Angeln war Bauernland, ist Bauernland. Zwar hat auch hier die Strukturveränderung in der Landwirtschaft »gegriffen«, wurden viele Höfe aufgegeben oder werden im Nebenerwerb bewirtschaftet. Aber diese »Angelner Böden von beachtlicher Güte« werden akkurat bewirtschaftet wie eh und je. Acker für Akker, Koppel für Koppel. Die verbliebenen Betriebe haben freigewordene Flächen übernommen, durch Kauf oder Pacht. *»Für Brache ist unser Boden doch auch zu schade«*, sprach der Bauer.

Stiller Weg durch Angeln

Einige Güter gibt es auch, einschließlich zugehöriger Herrenhäuser, wie Roest, Gelting, Oehe,

Angeln ist Bauernland

Buckhagen, Drült, Rundhof. Aber diese Herrenhäuser konnten Angelns freien Bauern auch früher nicht besonders imponieren. Viele ihrer stattlichen Dreiseithöfe standen und stehen den Herrenhäusern der Güter kaum nach.
Inzwischen sind einige vormalige Dörfer reichlich gewachsen, zu ländlichen Zentralorten und Mittelpunktgemeinden: Gelting, Satrup, Sörup, zum Beispiel. Nicht zu vergessen Süderbrarup. Dort findet seit mehr als 400 Jahren Angelns »5. Jahreszeit« statt, der berühmte Brarupmarkt, Ende Juli, fünf Tage lang. Er ist der größte ländliche Jahrmarkt Schleswig-Holsteins auf dem riesigen Marktplatz.
Den Charakter als schönes, gepflegtes Bauernland konnte Angeln in besonderem Maße bewahren. Die Landschaft ist erwanderbar, zu Fuß, per Fahrrad. Es gibt überall, auch in den »versteckten Ecken«, Wanderwege. Nie voll, nie überlaufen. Weil Angeln »drinnen im Land« noch immer ein Geheimtip ist. Man kann stundenlang allein sein mit sich und der Natur ringsum. Diverse erhaltene oder wiedererstandene Windmühlen und schöne Dorfkirchen gibt es als »Zugabe«.

Die Windmühle von Unewatt

Bismarckturm

»Richtige« Dänen wollten sie nicht sein, erst recht keine Preußen. Das galt (und gilt?) für Schleswig-Holsteiner im allgemeinen, für Angeliter im besonderen. Als die sogenannte »Schleswig-Holsteinische Frage« vom Königreich Preußen im Verbund mit Österreich anno 1864 gegen Dänemark mit Waffengewalt im Sinne von Bismarck entschieden wurde, hielt sich die Begeisterung zwischen Schlei und Förde in deutlichen Grenzen. Erst recht, als zwei Jahre danach Schleswig-Holstein endgültig zu Preußen kam.
Dennoch, 34 Jahre später wollten auch in Angeln vaterländisch gesinnte Kreise dem »eisernen Kanzler« Bismarck ein Denkmal setzen. Schließlich war inzwischen ein deutsches Kaiserreich (mal wieder) entstanden.

Der Bismarckturm (links) und der weite Blick ins Land

Da man das Gute mit dem Nützlichen verbinden kann, die Angeliter zudem viel Sinn für's Praktische haben, wurde kein Denkmal in üblicher Art, mit überdimensional großer Bronzefigur oder Reiterstandbild errichtet. Es entstand der Bismarckturm. Des besseren Weitblicks we-

Veto gegen Nieby

Herzog Hans der Jüngere hatte Großes vor. Eine neue, bedeutende Handels- und Hafenstadt wollte er gründen - damals, in den Jahren um 1620.

Der Standort war schnell ausgemacht: an der Angeliter Küste, an der Flensburger Außenförde, etwa 18 Kilometer östlich von Flensburg. Auch der Name der neuen Stadt war gefunden: Nieby. Also ging man ans Werk. 32 Häuser in zwei geraden Reihen wurden fürs Erste gebaut, eine Fähre eingerichtet. Der Hafenbau sollte beginnen.

Den Flensburgern gefiel das alles gar nicht. Sie witterten Konkurrenz für ihren Hafenplatz und

Detail der Kirche von Neukirchen, die nicht die Kirche von Nieby wurde...

gen auf dem 70 Meter hohen Scheersberg. Im Turm führen 88 Stufen auf die Aussichtsplattform. An sonnigen, klaren Tagen ist der Blick von hier oben über das Angeliter Land, bis zum Blau der Flensburger Förde und jenseits davon Dänemark, vom Allerfeinsten.

Für die meisten der heutigen Besucher hält sich bei solchen Bildern das Gedenken an Bismarck vermutlich in Grenzen.

Die Kirche von Neukirchen und der Fischzaun von Kappeln

wandten sich bittend und hilfesuchend an den König, den dänischen. Der hatte zu jener Zeit im Schleswiger Land immer noch ein bißchen mehr zu sagen als der schleswig-holsteinische Herzog. Auch der König war nicht daran interessiert, »seinem« Hafen Flensburg durch die herzogliche Neugründung Abbruch tun zu lassen.

Das wurde - wie auch immer - Herzog Hans kundgetan. Und wirkte prompt. Der Aufbau von Nieby wurde eingestellt, zwölf der schon gebauten Häuser wurden abgetragen und in Glücksburg neu errichtet.

Nur die neue Nieby-Kirche stellte man noch fertig. Auf einer Anhöhe, knapp vor der Ostseesteilküste, steht sie heute als wunderschöne Dorfkirche von Neukirchen und ein wenig abseits gelegen noch immer. Als letzte Zeugin eines großen, aber unerfüllt gebliebenen Planes.

Ihr Baujahr - 1622 - zeigen die großen, handgeschmiedeten Eisenziffern an der zum Feld gelegenen Vorderseite des Turmes an, das Jahr ihrer Restaurierung - 1837 - die Ziffern an der zur Straße und zum Eingang gelegenen Längsseite.

Der Fischzaun von Kappeln

Über die Fischzäune an der Schlei hat der Reiseschriftsteller J.G. Kohl im Jahre 1846 in seinem Buch »Reisen in Dänemark und in den Herzogthümern Schleswig und Holstein« berichtet:
»Die Hauptfischer aber sind die Bewohner der kleinen Flecken Cappeln und Arnis und dann die Rittergutbesitzer, die an der Schlei hin ihre Güter haben (...) Jeder hat seine Fall-, Fluth- und Hamenzäune. Es sind zum Theil sehr alte und großartige Werke und fast jedes hat seinen eigenen Namen.«
Ein solcher Fischzaun besteht aus einem ausgeklügelten, auf Erfahrungswerten beruhenden System von »Wänden«, aus biegsamen Zweigen geflochten, die sich schließlich trichterförmig verengen. An das Endstück des Trichters wird eine Reuse gestellt. Für die von See kommenden Fische, vor allem für die zum Laichen schleiaufwärts ziehenden Heringsschwärme, ist an den »Wänden« kein Durchkommen. Zwangsläufig schwimmen sie daran entlang, in die Trichter ...und in die Reusen.
Ein einziger Fischzaun der Schlei blieb in Kappeln erhalten, wird gepflegt und »fängig« gehalten. Der Heringszaun von Kappeln ist der einzig noch existierende zumindest in Deutschland, wahrscheinlich sogar in Europa. Ein kulturhistorisches Denkmal der Fischfangtechnik!

Kappeln – malerisch

An der schönsten aller Ostseeförden, an der Schlei, liegt Kappeln. Dort, wo sich die Schlei flußartig verengt, rund 7 Kilometer entfernt von der freien Ostsee bei Schleimünde. Eine Traumlage! Einzigartig das Panorama-Stadtbild: das Wasser der Schlei, die langgestreckte, aber schmale Ufer- und Hafenpartie, dann, den Steilhang hinauf, die Stadtbebauung, wie gestaffelt. Mit dem Turm der St. Nikolaikirche als alles überragendes Wahrzeichen. Oben, im Kernbereich, zeigt sich Kappeln in einer charmanten Mischung aus bewahrter kleinstädtischer, romantischer Vergangenheit und aktiver, lebensfroher Moderne. Auf verkehrsberuhigten Straßen läßt sich durch malerische Altstadtquartiere bummeln, ohne Hast

300 Jahre altes, wunderbar restauriertes Fachwerkhaus in der Mühlenstraße

und Hektik. Freundlich, friedlich, farbenfroh ist alles. Nach dem Stadtbummel „oben“ der Spaziergang „unten“, auf Kai und Uferpromenade. Vom Fischerplatz bis zum Museumshafen. Und immer ist da die Schlei, weiß „gesprenkelt“ mit Segelbooten. Die neue Brücke mit dem kleinen Brückenhäuschen paßt so recht ins Ambiente dieses Städtchens.
Für Urlauber und Tagestouristen ist Kappeln ein beliebtes Ziel.

Kappelns neue Klappbrücke über die Schlei (oben), den Steilhang zwischen Hafen und Oberstadt geht es hinauf oder herunter - je nachdem (rechts)

Kleinste Stadt

Arnis ist etwas Besonderes: die kleinste Stadt Deutschlands. Hinsichtlich der Einwohnerzahl (299, Stand 31. März 2003) bestimmt, hinsichtlich der Flächenausdehnung (19 Hektar Festland) vermutlich auch.
Genau genommen besteht Arnis aus einer einzigen Straße. Beidseitig mit niedrigen Häusern bebaut, flankiert von Baumreihen am Rande des schmalen Gehweges. Viele dieser Häuschen haben noch romantisches Flair aus früherer Zeit: Rosenstöcke vor den Sprossenfenstern, schöne alte Türen, ausdrucksvoller Backstein, Giebelfronten mit Utluchten.*

Von dreieinhalb Seiten ist Arnis von dem Wasser der Schlei eingerahmt. Eine einzige Ausfall straße führt gen Norden, hinaus in die Landschaft Angeln. Wer nach Süden, nach Schwansen will, nimmt die Fähre. Die existiert, sagt der Fährmann, seit 1826.
Hinter den Häusern befinden sich Gärten und dann – natürlich – das Wasser. Jedes dieser Grundstücke hat (oder hatte) seinen eigenen Schleizugang und seinen eigenen Minihafen. Früher war das eine Existenzfrage. Weil die Arnisser, auf kleiner Fläche

In der kleinsten Stadt Deutschlands hat (fast) jedes Grundstück seinen eigenen Hafen

vom Wasser eingeengt, kein Ackerland besaßen, trieben sie Handel und Seefahrt in Kombination. Wohnhaus, Speicher und Schiffsanleger lagen hintereinander auf eigenem Grund und Boden. 1846 waren in Arnis 50 Seeschiffe registriert, wesentlich mehr als zum Beispiel in Kiel. Die Arnisser kauften »Viktualien« - Butter und Käse, Würste und Bücklinge - auf eigene Rechnung ein und segelten damit vor allem nach Kopenhagen, um ihre Waren dort mit zumeist gutem Gewinn zu verkaufen. Andere segelten im Charter auswärtiger Kaufleute auch nach England, Holland, Rußland, Schweden.
Gegründet wurde Arnis im Jahre 1667. Damals zogen um die hundert Familien aus Kappeln hierher, weil der Besitzer ihres Heimatortes, Detlev Rumohr auf Roest, sie ihrer Privilegien berauben, sie zu Leibeigenen machen wollte. Die Ex-Kappelner erhielten vom Herzog die Erlaubnis, sich auf dem Kap in der Schlei niederzulassen: Arnis entstand.
Die Zeiten der großen Seefahrt und des Kopenhagenhandels sind für den Ort längst vorbei. Geblieben ist ein zauberhaftes Kleinststädtchen.

* Utlucht: ganz schmaler Vorbau an der Straßenseite des Hauses, mit Fenstern links, rechts und vorne. Dadurch kann die Straße nach allen Seiten eingesehen werden.

St. Johannis-Armenstift

Es ist ein kleines Bautenensemble von ganz eigenem Reiz mit dem Charme einer vergangenen Zeit: das St. Johannis-Armenstift in Vogelsang-Grünholz, nahe Gut Damp. Eine kleine, eingeschossige Kapelle mit Rundbogenfenstern und Dachreitertürmchen, mit den links und rechts angebauten Armenkaten und mit dem freistehenden, doppelstöckigen, reetgedeckten, offenen Glockenturm. An der Giebelseite verraten eiserne Zahlenanker das Baujahr: 1742.
Chr. Kock hat 1912 in seiner »Volks- und Landeskunde der Landschaft Schwansen« über das St. Johannisstift berichtet:
»Häusergruppe zwischen Damp und Vogelsang am Schulhorst anmutig belegen. Bereits am 25. Februar 1706 bestimmte im 4. Artikel seines

Das St. Johannis-Armenstift von der Gartenseite (rechts) und von der Straße (unten)

Testaments Johann Rudolph von Ahlefeldt zu Damp ein Kapital von 5000 Rtlr. zur Erbauung eines Armenhauses und Anstellung eines Schulmeisters im Gute Damp. Sein Enkel gleichen Namens hat 1742 das jetzige Armenstift, St. Johannisstift genannt, für 818 Rtlr. 18 Schilling erbaut und für 12 Präbenden eingerichtet. Diese erhielten außer Wohnung und Kohlhof 4 (6) Freikühe, 2 (3) Faden Brennholz sowie 8 Schilling lübsch wöchentlich. (In der Gegenwart erhalten die Präbenden statt der Freikühe Milchgeld). Jeden 2. Sonntagnachmittag wird in der Kapelle des Stifts abwechselnd von den Predigern zu Sieseby, Schwansen und Waabs Gottesdienst gehalten. Dem St. Johannisstift gegenüber befindet sich die zweiklassige Damper Schule.«

Gegenüber dem St. Johannisstift steht dieses malerische Häuschen.

Eckernförder Spaziergänge

Die offene, breite Eckernförder Bucht, der gemütliche Hafen, feine, lange Sandstrände - die Ostsee meint es gut mit Eckernförde. Die Lage dieser 23.000-Einwohner-Stadt am Meer ist wahrlich naturbevorzugt. *»Schöner geht es ja gar nicht«*, hat eine Urlauberin gemeint.
Die Eckernförder haben das Ihrige dazu getan, damit alles fein und propper aussieht. Der Spaziergang entlang Eckernfördes »Water-front« zeigt es. Mit der neuen Kur- und Strandpromenade, ausgestattet mit viel Grün, mit sommerbunten Blumen, mit reichlich Sitzbänken. Und natürlich

Eckernförder Impressionen

immer mit dem ungehinderten Blick auf Strand und Ostseeblau. Eine Spazier- und Flaniermeile der feinen, aber nicht der hochgestylten, abgehobenen Art. So richtig passend zu diesem symphatischen Städtchen. Dann ein Besuch in St. Nikolai, einer der schönsten Kirchen Schleswig-Holsteins mit reicher, kulturhistorisch bedeutender Ausstattung.

Am Ende der Promenade dann ins Hafengebiet gebummelt. Der Blick über den Hafen, auf die gegenüberliegende Seite mit dem Turm der Borbyer Kirche ist wunderschön. Unter Vollzeug kreuzt ein Segelboot auf, für den Hafenspaziergänger zum Anfassen nahe.
Vom Hafen in die Innenstadt mit ihren malerischen Altstadtmotiven und mit lebhaften Einkaufsstraßen sind es nur wenige Schritte.
Eckernförder Spaziergänge - sie machen Freude.

Die Eckernförder Strandpromenade

In der Mitte von St. Nikolai der Taufkessel, Bronzeguß aus dem Jahr 1588

Unter Segel

Schleswig-Holstein ist gefragtes, vielbesuchtes Urlaubsland. Aber selbst zu touristischen Hochsaisonzeiten bleibt genügend Platz für jeden. *»Das kommt«*, hat einer augenzwinkernd gesagt, *»ja davon, daß die Hälfte der Schleswig-Holsteiner dann auf See ist.«*
Insbesondere die mit weißen Segeln geradezu gesprenkelte Ostsee läßt sommertags einen solchen Schluß zu. Nun ja, eine komplette Hälfte der Eingeborenen wird's nicht ganz sein, die da lange Kreuzschläge absegelt. Schließlich kreuzen

auch jede Menge Gäste aus dem In- und Ausland auf. Die Gastliegerszene in den Yachthäfen und Marinas zwischen Flensburg und Travemünde ist total international. Verständigungsprobleme von Boot zu Boot gibt es nicht. Segler verstehen sich immer – in allen Sprachen.

Ostseesturm

Im Eckernförder Hafen

Die Ostsee ist ein Binnenmeer, weitgehend unabhängig von Ebbe und Flut und gilt als friedlich.

Aber wirklich harmlos ist die Ostsee deshalb noch lange nicht. Wer auf einer Segelyacht einen handfesten Ostseesturm abgewettert hat, kann davon erzählen. Und die Ostseeküstendeiche an den gefährdeten Abschnitten wurden auch nicht zur Verzierung der Landschaft gebaut.

Wenn der Sturm aus Ost/Nordost kommt und sich zum Orkan aufpustet, gibt es auch an der Ostseeküste Probleme. Im August 1989 verwüstete ein solcher, völlig unvorhergesehener Sommerorkan einige Segelhäfen und zerlegte für ein paar Millionen Mark Boote, Yachten und Stege zu Kleinholz.

Klar Schiff und dann Leinen los!

In manchen Ostseeorten zeigen Markierungen, wie hoch das Wasser während der schlimmsten Sturmflut im November 1872 gestanden hat. In einer zeitgenössischen Schilderung heißt es dazu:

»So geschah es, daß die Küsten von unbeschreiblichen Verheerungen heimgesucht wurden, welche nicht allein die Standorte, sondern auch die der Küste nahen und vor Anker liegenden Fahrzeuge trafen und Tausende von genügsamen, fleißigen Menschen von Haus und Hof, von Vieh und Habe brachten, ganze Strecken fruchtbaren Landes hinwegrissen und andere mit Sand und Seetang bedeckten. Das Hochwasser erreichte eine durchschnittliche Höhe von elf Fuß über den gewöhnlichen Pegelstand.

An der Ostseite der Stadt Eckernförde sind ganze Straßen buchstäblich vom Boden hinweggerissen worden. In den Straßen liegen Seetang, Schlamm und Sand teilweise kniehoch und in demselben sieht man Trümmer von Haustheilen, Schiffen, Schaluppen, Hausgeräthe, Balken und ertrunkenes Vieh.«

Eckernförde nach der Ostseesturmflut im November 1872 (Aus: »Allgemeine Familien-Zeitung« Nr. 20, Jahrgang 1873. Historische Sammlung W. Scharnweber)

Zwischenzeit

Septemberlandschaft mit Hünengrab

Ende September. Die großen Guts-Ackerschläge im Dänischen Wohld, längst abgeerntet und frisch gepflügt, zeigen sich in »warmer«, erdbrauner Farbe. In der Mitte ein Hügelgrab, baumbestanden. Ein Gruß aus der Vorzeit. Die Blätter der Bäume am alten Weg bei Birkenmoor färben sich gelb, leuchten in der Sonne.
Ruhe und Frieden liegt über dem Land. Schöne Tage zwischen Sommer und Herbst.

»Kieler Woche«

Nicht, daß Kiel sonst still vor sich hin träumte. Aber einmal im Jahr, jeweils während der letzten Juniwoche, ist »richtig 'was los«. Dann kommt die ganze Welt in die Landeshauptstadt. Nicht sämtliche Erdbewohner, aber doch aus allen Erdteilen deutlich mehr als nur ein paar. Es ist »Kieler Woche«, die - ohne Übertreibung - weltberühmte, weltbekannte.
»Kieler Woche«, das ist zu allererst die größte, bekannteste und gefragteste Segelsportveranstaltung der Welt.
»Kieler Woche«, das ist zum anderen ein achttägiges Volksfest im besten Sinn, für die Kieler

Takelage eines Großseglers auf Besuch zur Kieler Woche

und ihre Gäste. Für Erwachsene und Kinder. Bestehend aus 1001 offiziellen und noch mehr privat hinzu organisierten Veranstaltungen, Feiern, Treffen. Überall ist Musik und Folklore, Kunst und Kultur, wird gefeiert, gebummelt, gegessen, getrunken, getanzt und mitgemacht bei Sport und Spiel. See- und Sehleute überall. Und außerdem, hat eine Kieler Deern – süße 18 Jahre jung – mitgeteilt, »*... ist die ›Kieler Woche‹ die größte Flirtparty der Welt.*« Aber hallo!

Nach der Regatta im Olympiahafen Kiel-Schilksee (Foto: Kay Scharnweber)

Mitglieder der Kindermusikschule Kaliningrad singen auf der Kieler Woche

Stadtbild

Mit romantischen Altstadtgassen kann Kiel nicht aufwarten. Sonderlich viele dieser Art gab's eh nicht; was es gab, ging im Bombenhagel des 2. Weltkrieges unter.
Die Kieler leben damit. Und freuen sich an ihrem schönsten Stadtbildmotiv: das Ensemble Rathaus, Rathausturm und Stadttheater, sich widerspiegelnd im Wasser des »Kleinen Kiel«.

Kiel anno 1833

»Holstein im N. der Stör, wo die Stadt Kiel an einem Meerbusen der Ostsee, welcher der kieler Fjord heißt und einen bequemen Hafen bildet, 900 Häuser, 10.500 Einwohner, Schloß, Universität (1831 mit 311 Studenten), Schule, Taubstummenanstalt, Schullehrerseminar, Forstlehranstalt, Gebäranstalt mit einer Hebammenschule, botanischer Garten, guten Armenanstalt; Schiffahrt, Schiffswerfte, Handel (kieler Sprotten), berühmte Messe, Umschlag genannt,; Zuckersiederei, Taback-, Leinen-, Hut-, Strumpf-, Cichorienfabrik, Seebad. Im Jahre 1825 sind 983 lastenträchtige Schiffe ein- und ausgegangen. Dampfschiffahrt zwischen Kiel und Kopenhagen; ½ Meile davon der Kanal gleichen Namens. Durch die 1797 errichtete Spar- und Leihkasse werden jährlich 60-100.000 Mark in Umlauf gesetzt. Friede 14. Jan. 1814.«

(Aus: »Handbuch der Geographie und Statistik für die gebildeten Stände« von D. Ferdinand Hörschelmann; 1833)

Hafenbilder

Kiels Tiefwasserhafen. Maritime Motive ohne Ende. Die Großfähren der Skandinavien-Linien fahren – wortwörtlich – bis in die Innenstadt. Laden und Löschen der Frachtschiffe am Bahnhofskai. Masten und Takelage eines Großseglers im Gegenlicht. Kutter und Yachten im gemütlichen Bootshafen Wellingdorf. Die Kreuzfahrtschiffe auf Kurzbesuch natürlich in feinem Weiß. Das kleine Boot des Hobbyfischers. Am Fähranleger lassen zwei junge Leute die Beine und die Seele baumeln.
Das alles, und noch viel mehr, läßt sich von Land oder – per Fördeschiffahrt – von der Wasserseite aus betrachten. Foto- und Filmkamera nicht vergessen!

Impressionen aus dem Kieler Hafen

Wo die Victoria regia blüht

Wie wäre es damit: Die Pracht tropischer Blüten bewundern. Und Pflanzen der Wüste bestaunen. Von Hochgebirgsblumen des Himalaja und der Anden sich entzücken lassen. Keine Sorge, teure Fernreisen sind dafür nicht erforderlich. Diese großartige Pflanzen-, Blumen-, Blütenwelt aller Kontinente ist im Botanischen Garten der Kieler Landesuniversität zu bewundern.* Für jedermann und jederfrau frei zugänglich.

Eine gepflegte, grüne, blütenbunte Gartenlandschaft, die ihresgleichen sucht. Einmalig im Lande. Mit Rabatten, Beeten und Teichen, mit Spazierwegen und lauschigen Pfaden. Mit einem ausgedehnten Freilandalpinum, auf dem allein mehr als 3000 Pflanzenarten gedeihen. Und mit großen Gewächshäusern. Im Mediterranhaus,

Subtropenhaus, Aridhaus Amerika, Tropenhaus und Nebelwaldhaus taucht man ein in die üppige, erstaunliche, schöne, interessante Vegetation fremder Klimazonen.

Einheimische Pflanzen in reicher Artenvielfalt sind natürlich auch vertreten. Einschließlich Arznei-, Heil- und Gewürzpflanzen. Sommerblumen, Rosen »aller Klassen«. Und was sonst noch so wächst auf Heiden und Feuchtwiesen, auf Halbtrockenrasen und Geröllhalden, auf der Küstendüne, im Moor, am Süßwassersee.

Im Botanischen Garten
Oben: die Blätter der Victoria regia

Eine immer wieder ganz besonders beachtete »Attraktion« sind im sogenannten Viktoria-Haus die riesigen Schwimmblätter der Victoria amazonica. Bekannter unter dem Namen Victoria regia, benannt nach Queen Victoria. Die schildförmigen Blätter mit ihrem aufgebogenen Rand können einen Durchmesser von zwei Meter erreichen. Die Blüte der Victoria regia ist selbst für »langgediente« Botaniker stets ein großes Erlebnis.

In einer Infoschrift des Botanischen Gartens heißt es dazu: *»Die von Käfern bestäubten Blüten erscheinen oft erst im Juli oder August. Sie öffnen sich ein erstes Mal, weiß blühend, mit Anbruch der Dämmerung, um sich erst am nächsten Vormittag wieder zu schließen. Danach öffnen sie sich wieder in der Dämmerung, nun aber rosaviolett gefärbt, ein zweites Mal, um gegen Morgen unter die Wasseroberfläche zu versinken, wo die Samen ausreifen.«*

* Botanischer Garten der Christian-Albrechts-Universität Kiel, Leibnizstraße. Anfahrt über Olshausenstraße. Täglich, auch an Wochenenden, geöffnet.

Erfindungen

Die Kieler Luft hat Erfindungsgeist schon immer angeregt. Natürlicherweise oft im maritimen Bereich. Bauers »Brandtaucher« war 1850 ein wichtiger Schritt hin zu einem funktionsfähigen Unterseeboot. Wer das Schiffahrtsmuseum am Wall besucht, kann weitere Kieler Erfindungen für Schiffahrt und Fischerei erkunden: den Kreiselkompaß von Hermann Anschütz-Kaempfe, das Behm-Echolot von Alexander Behm, die Fischlupe von Heinrich Hecht.

Aber auch in der Luftfahrt war man in Kiel erfinderisch von Anfang an dabei. Mit Hightech-Erfindungen anno 1912. Beispiel: Unter der Nr. 276614 hat das Kaiserliche Patentamt der Signal-Gesellschaft m.b.H. in Kiel (später Elac) die »radiotelegraphische Ausrüstung für Flugzeuge« mit Wirkung vom 28. November 1912 patentiert. Damit es mit der Radiotelegraphie auch funktionierte, wurde am Flugzeug ein Mast errichtet. Originalbeschreibung aus der Patentschrift:

»1. Flugzeug mit radiotelegraphischer Ausrüstung, dadurch gekennzeichnet, daß als Träger für die Luftleiter ein Mast verwendet wird, dessen Höhe ungefähr gleich der Flügellänge ist.
2. Flugzeug nach Anspruch 1 dadurch gekennzeichnet, daß der Mast im Gestell des Flugzeugs derart verstrebt ist, daß es keiner weiteren Verspannungen bedarf, um die Beanspruchungen durch Winddruck und Trägheitskräfte aufzunehmen.«

Eine Zeichnung - Flugzeug mit Sendemast - gehörte zur Patentschrift.

So war das damals, vor - erst - 90 Jahren. Lächeln erlaubt. Aber es könnte sein, unsere Urenkel schütteln über unsere informationstechnischen Erfindungen von heute in 90 Jahren - das ist im Jahr 2092 - ebenso verwundert den Kopf. Ziemlich wahrscheinlich sogar.

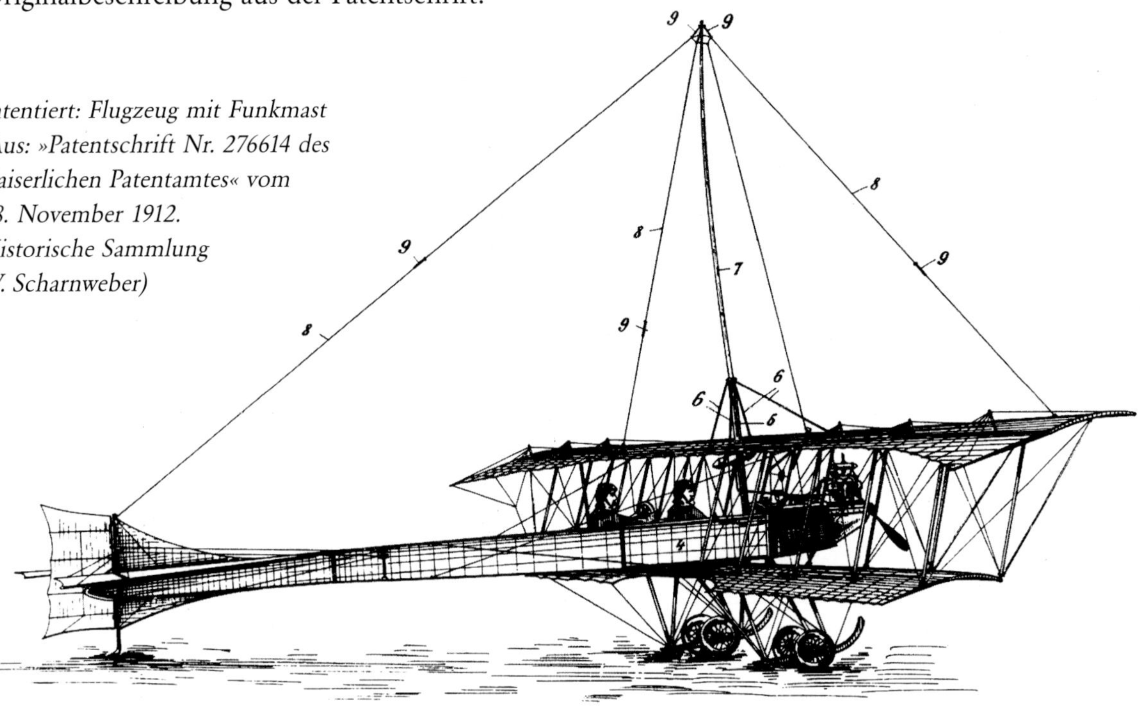

Patentiert: Flugzeug mit Funkmast (Aus: »Patentschrift Nr. 276614 des Kaiserlichen Patentamtes« vom 28. November 1912. Historische Sammlung W. Scharnweber)

Laboe

Im »touristischen Pflichtenheft« für Schleswig-Holstein steht Laboe ziemlich weit oben, genau: das Marineehrenmal Laboe. Der markante Turm ausgangs der Kieler Förde wurde im Jahre 1929 in nur 101 Tagen errichtet. Der Blick von den Aussichtsbalkonen des Turms in 60 bzw. 85 Meter über Meeresspiegelhöhe ist großartig: das Bauernland Probstei, die Kieler Förde, die Einfahrt zum Nord-Ostsee-Kanal, Stadt Kiel, die Weite der freien Ostsee. Und - gleich da unten - Laboe, der viel frequentierte Badeort mit seinem feinen Sandstrand, der Promenade, dem gemütlich-kleinen Hafen.

Marineehrenmal Laboe (links) und ein Blick vom Ehrenmal auf den Laboer Strand und die Kieler Förde

Der Blick vom Turm ist - eigentlich - die Zugabe. Der Zweck der Anlage ist ein anderer. Ehrenmal Laboe mit Turm, Ehrenhof und Ehrenhalle ist Gedenkstätte für die auf See Gebliebenen aller Nationen und Mahnmal für eine friedliche Seefahrt auf freien Meeren. Eigentümer ist der Deutsche Marinebund e.V.

Kloster Preetz

1216 als Kloster der Benediktinerinnen gegründet, hat es sogar die Reformation und ihre Folgen im evangelisch gewordenen Land überstanden. Seit dem 15. Jahrhundert ein reines Adelskloster, wurde es nicht - wie sonst üblich - vom Landesherrn aufgelöst und »eingezogen«. Das war mit dem starken schleswig-holsteinischen Adel nicht zu machen. Der war daran interessiert, daß seine unverheirateten, unversorgten Töchter wie bisher in Preetz eine angemessene Unterbringung finden konnten. So wurde aus dem Benediktinerinnenkloster das »Evangelische Adelige Kloster Preetz«, ein Damenstift. Dabei ist es bis heute geblieben, auch wenn nur noch wenige Stiftsdamen in den Klostergebäuden wohnen.

Klosterkirche Preetz

Wer heute die Durchfahrt des 1737 errichteten Torhauses passiert, meint dennoch wieder einzutreten in diese längst vergangene Welt. Die Hast der Straße und das quirlige Leben der Kleinstadt Preetz sind plötzlich weit entfernt. Alleebäume spenden Schatten und Kühle, halten den Lärm der Straße fern. Ein Stückchen altes Kopfsteinpflaster läßt ahnen, wie es einst aussah auf Straßen und Wegen.
Und dann das weiträumige Klostergelände. Auf großen Rasenflächen einzeln stehende, beherrschende Bäume. Eichen, Kastanien und viele andere imposante Naturdenkmale. In der Mitte der Anlage, auf einer kleinen Anhöhe, die mächtige

Das Torhaus von Kloster Preetz und ein Türdetail in der Anlage

Klosterkirche aus rotem Backstein. Diese 1325 bis 1340 erbaute Preetzer Klosterkirche ist ein herausragendes Beispiel der Backsteingotik des Ostseeraumes. Beeindruckend sind ihre Größe, ihre unveränderte innere Struktur als Nonnenkirche und die ungewöhnlich reiche, bedeutende Ausstattung.

Rund um die Kirche stehen im parkähnlichen Gelände locker verteilt Gebäude aus verschiedenen Zeiten und Epochen: Wohnhäuser adeliger Kloster(=Stifts-)Damen, Verwaltungsgebäude, Pastorat, Haus der Priörin, Konventhaus, Probstenhaus,* nicht mehr alle dem Ursprungszweck entsprechend genutzt. Markante, aus großformatigen Klosterziegeln aufgeführte Backsteinbauten, freundliche Fachwerkhäuser mit Sprossenfenstern, geschnitzten Holztüren und vorgebauten Veranden sowie klassizistisch anmutende Putzbauten gruppieren sich malerisch um die Kirche. Ein romantisches, ein eher heiteres Bild. Von Klosterstrenge keine Spur. Eine Atmosphäre der Ruhe, Harmonie und Geborgenheit umfängt den Besucher. Kloster Preetz - eine Oase, nur wenige Schritte abseits der anderen Welt.

* Entgegen der Duden-Regel schreibt sich der Preetzer Klosterprobst traditionell mit ›b‹ statt ›p‹ - also Probst, nicht Propst.

Kurhessen in Holstein

Das Herrenhaus (»Schloß«) Panker...

Da wähnt sich der Wanderer im schönsten Holstein und trifft an einem Gut auf eine Infotafel mit der Schlußzeile »Kurhessische Hausstiftung«.
Wie bitte, kurhessisch? Und das hier, nur ein paar hundert Meter von der Ostseeküste entfernt?! Wieso »sitzen« die Kurhessen in Holstein?
Die Erklärung ist ein wenig kompliziert und pikant obendrein:
Prinz Friedrich Karl von Hessen-Kassel heiratete Ulrika Elenora, eine Schwester des schwedischen Königs Karl XII. 1720 wurde er, der Hesse, als Frederik I. König von Schweden, blieb aber zugleich regierender Landgraf von Hessen-Kassel. Die Ehe mit Ulrika war - höflich formuliert - wenig glücklich und blieb kinderlos. König Frederik I. wußte sich zu trösten: mit dem schönen, jungen Hoffräulein Gräfin Hedwig Ulrike Taube. Schließlich wurde ihm die Gräfin gar »zur linken Hand« anvermählt. Vier Kinder waren das Ergebnis der Ehe mit der Nebenfrau. Zwei Töchter starben früh. Vater Frederik sorgte sich um die Zukunft der beiden Söhne, die - als Kinder aus der Ehe nebenbei - keinen Anspruch auf die schwedische Thronfolge hatten.
Da traf es sich gut, daß die holsteinischen Güter Panker und Klamp zum Verkauf standen. Dis-

... und ein Blick in den Garten in französischem Stil

krete Verhandlungen wurden geführt. Das Geschäft kam anno 1739 zustande. Gräfin Taube wurde für ihre beiden noch unmündigen Söhne Gutsbesitzerin im Holsteinischen.

Die Gelder zum Ankauf kamen übrigens aus Hessen-Kassel, wo König Frederik, gewissermaßen im Nebenamt, ja noch Landgraf war. Zwei Jahre später erwarb man zwecks Abrundung des Besitzes auch die benachbarten Güter Schmoel und Hohenfelde.

Die beiden Söhne aus der Ehe zur linken Hand kamen nach Panker und wurden im Jahre 1741 vom deutschen Kaiser zu »Grafen von Hessenstein« erhoben.

Der ältere dieser beiden überlebte seinen Bruder um Jahrzehnte, wurde noch zum Fürsten gekürt und wandelte die große Gutsherrlichkeit in einen Fideikommiß* zugunsten des Hauses Hessen-Kassel.

Beim Hause Hessen, jetzt: Kurhessische Hausstiftung, ist der Besitz geblieben. Dank des Vorfahren Friedrich und seiner Liebe zur schönen Gräfin Taube.

* Fideikommiß = unveräußerliches und unteilbares Familienvermögen

Panker hat Stil

Das imposante Torhaus auf Panker

Panker heute wirkt noch immer wie ein eigener Mikrokosmos. In einer ebenso seltenen wie interessanten und malerischen Mischung aus – einstiger – fürstlicher Kleinstresidenz und kompletter Gutsanlage. Mit allem, was dazu gehört. Mit Schloß, Marstall und Wagenremise, mit Torhaus, Wirtschaftsgebäuden, Wohnhäusern, Katen. Mit Armenstift und historischer Gaststätte. Selbst eine kirchenartige Gutskapelle mit Turm fehlt nicht. Dazu ein Park im englischen, ein kleiner Schloßgarten im französischen Stil sowie prächtige Alleen. Und Eichen, von denen manche schon lange standen, als anno 1739 Gräfin Taube mit ihren Königssöhnen hier Gutsherrin wurde.

Natürlich dienen verschiedene Gebäude nicht mehr dem ursprünglichen Zweck, sondern werden modern genutzt. Aber das alles hat Stil. Die Hessische Hausstiftung als Eigentümer achtet offenbar auch bei Vermietungen und Verpachtungen sehr darauf, daß das besondere Ambiente von Panker gewahrt und erhalten bleibt. Kompliment!

Rapsblüte

Raps – das »Gold des Nordens«. Ab Mitte Mai – plus/minus je nach Witterungsverlauf – ist Blütezeit. Farbenpracht in intensivem, leuchtendem Gelb. Darüber ein blankgeputzter Frühjahrshimmel in lichtem Blau. Knicks geben den grünen Rahmen. Es riecht honigschwer. Imker stellen ihre Bienenvölker ins Feld. Reiner Rapshonig aus Schleswig-Holstein: eine Delikatesse.

Schloß über Stadt und See

125 Jahre lang, von 1636 bis 1761, war Plön landesherrliche Residenz der Herzöge von Schleswig-Holstein-Sonderburg-Plön. Ein solcher hauptstädtischer Herzogsitz bedarf eines vorzeigbaren Schlosses, befand Herzog Joachim Ernst. Folglich ließ er die alte, vermutlich ziemlich unwohnlich gewordene Burg abtragen und neu bauen. Mitten im 30jährigen Krieg. In der kurzen Bauzeit von 1633 bis 1636 entstand auf dem Schloßberg - hoch über dem Städtchen und hoch über dem Großen Plöner See - eine Dreiflügelanlage. Mit ebenso schlichten wie klaren und ausdrucksvollen architektonischen Linien; prächtig in der Gesamtwirkung. Das offene Karree zeigt zur Seeseite. Ein Schloß, das wie kein anderes im Lande mit der umgebenden Landschaft harmonisch in Beziehung steht.
In den bisherigen 370 Jahren seines Bestehens hat das Plöner Schloß mancherlei Umbauten erfahren, dabei aber sein äußeres Aussehen im wesentlichen bewahren können.

Stimmungsvoll

So gilt denn seit der Herzogzeit bis heute unverändert: Das freundlich-helle Plöner Schloß mit seinen charakteristischen offenen Dachreitertürmchen, gerahmt vom Grün der Schloßbergbäume, davor der Große Plöner See, ist ein bezaubernder Anblick.

Schloß Plön und ein Blick von der Schloßterrasse über den Großen Plöner See

Auf der Schloßterrasse in Plön. Da unten liegt der Große Plöner See. Heute nicht in Lichtblau, sondern silbrig glänzend hier, dunkel dort. Durch den windzerzausten herbstlichen Wolkenhimmel mogeln sich einzelne Strahlen einer tiefstehenden Sonne. Sie verzaubern mit Licht und Schatten Land und See zu einer stimmungsvollen Einheit.

Holsteinische Schweiz

»Chalet à la Hosteinische Schweiz«:
Mächtige Kornscheune auf Gut Wahlstorf

Eutin, Bad Malente-Gremsmühlen, Plön, Preetz und das Land dazwischen und rundherum – das zusammen ist die »Holsteinische Schweiz«. Eine von Urlaubern, Kurenden und Tagesausflüglern viel besuchte Landschaft. Hierher kamen bereits »Sommerfrischler« als der Tourismus noch gar nicht erfunden war. Ab 1885 hat Kaufmann Janus aus Eutin auf hohem Nordufer des Kellersees sein Hotelensemble »Holsteinische Schweiz« erbaut. Eines dieser »Ur-Holsteinische-Schweiz-Hotelbauten« hat seither alles weitgehend schadlos und im Stil der Bäderarchitektur aus der Zeit vor 1914 überstanden, im Ortsteil Krummsee von Bad Malente-Gremsmühlen. Hotel ist das Gebäude nicht mehr, sondern Landesfinanzschule, sprich: Bildungsstätte für Finanzbeamte.
Der Spaziergang auf den Seepromenaden von Bad Malente-Gremsmühlen, die Fahrt auf den Seen mit der »Weißen Flotte«, der Bummel durch Eutin und Plön gehören sozusagen zum touristischen Pflichtprogramm. Hier ist dann, zumal in Sommer-Saison-Zeiten, richtig Betrieb.

Draußen im Land geht es durchaus ruhiger zu. Da lassen sich versteckte Motive und idyllische Winkel entdecken. Schöne Dorfkirchen und altehrwürdige Gutsscheunen in aller Ruhe betrachten.

Der Blick auf einen der vielen Seen ist im hügeligen Land der Holsteinischen Schweiz hinter jeder zweiten Wegbiegung ohnehin garantiert.

Stille Wege...

Blick vom Plöner Parnaßturm auf die Seenlandschaft der Holsteinischen Schweiz

Das Schloß Eutin

Nein, ein Haus heiter-beschwingter, »leichter« Architektur ist Schloß Eutin nicht. Irgendwie schaut immer noch eine wehrhafte Burg mit breitem Burggraben und Wehrturm heraus. Aber kein Zweifel, diese markante Vier-Flügel-Anlage ist ein prächtiges Schloß, gut anzuschauen. Um 1270 baute Bischof Johann von Tralau hier ein »steinernes Haus«.* Vergrößerungen, Umbauten, Erneuerungen, Restaurierungen im Laufe der

* Nach: Georg Dehio »Handbuch der Deutschen Kunstdenkmäler, Hamburg/Schleswig-Holstein«. Deutscher Kunstverlag. 1994

Jahrhunderte und bis in unsere Tage stehen in der langen Liste der Baugeschichte. 1689 erfaßte der große Eutiner Stadtbrand auch das Schloß, äscherte die Vorburg und Teile des Hauptbaus ein. Der Wiederaufbau erfolgte prompt. Die heutige Schloßgestalt** wird hauptsächlich bestimmt durch umfangreiche Umbauten nach Plänen von Dallin in den Jahren 1716-1727, in der Ära des Fürstbischofs Christian August.

**Innenbesichtigungen in Teilbereichen des Schlosses in den Sommermonaten im Rahmen ca. einstündiger Führungen. Auskunft: Stiftung Schloß Eutin. Telefon 04521-70950.

Schloß Eutin
und seine Details

Der Schloßgarten

So war es schon immer: Was gestern als fein galt, ist heute nicht mehr fein genug. Der Zeitgeist ändert sich, neue Ideale sind gefragt. Da mußte Altes oft weichen, Neues konnte entstehen.
Der Eutiner Schloßgarten könnte davon Geschichten erzählen. Begonnen hat es, sagt Dehio, mit der *»Anlage eines holländischen Gartens unter Fürstbischof August Friedrich hauptsächlich 1675-81«.** Holländischer Garten? Ob da vor allem Gemüse angebaut wurde? Fürstbischof Christian August ließ, ab 1716, umgestalten und erweitern. Zitat:* *»... zu einem prachtvollen französischen Barockgarten.«* Wieder andere Gartenvorstellungen hatte Fürstbischof Peter Friedrich

* Georg Dehio: »Handbuch der Deutschen Kunstdenkmäler. Hamburg/Schleswig-Holstein.«
Deutscher Kunstverlag. 1994

»Sonnentempel« im Eutiner Schloßpark

Ludwig (1785-1829). Nach seinen Plänen wurde der Schloßgarten weitgehend entbarockisiert, zu einem Landschaftsgarten nach englischem Muster gewandelt. Allerdings mit ein paar Zutaten nach alt-griechischer Art. Wie den »Monopteros«, gemeinhin Sonnentempel genannt. Eine »Chinesische Brücke« gibt es auch.
Den Fürstbischöfen in langer Reihe, allen nachfolgenden Schloßgartenverantwortlichen, allen Gärtnern und allen Förderern sei gedankt. Der Eutiner Schloßgarten ist bis auf den heutigen Tag eine grüne Oase mit ganz eigenem Charme.

Rosenstadt Eutin

Rosenstadt

Seit langer Zeit wird Eutin auch »Rosenstadt« genannt. Sehr berechtigt. Zur Rosenblütenzeit im Juni/Juli ist die Königin der Blumen hier überall in herrlicher Fülle zu bewundern. Vor vielen Häusern gedeihen Prachtexemplare von Stock-, Strauch- und Kletterrosen.
Erzählt wird noch immer diese Geschichte: Als der beliebte Herzog Peter Friedrich Ludwig zum Ende der napoleonischen Europa-Herrschaft aus russischem Exil nach Eutin zurückkehrte, haben die Eutiner ihm Rosen auf die Straßen gestreut. Seither: Rosenstadt. So ganz der historischen Wahrheit entspricht die Story nicht. Aber sie ist nett erfunden.

Wo das Land endet

Steilküste bei Brodau

Steilküste – die abrupte und zugleich imposanteste Form von »Landende«. Das Meer beginnt. Steilküsten »leben«. Hochauflaufende See, Regen, Quellwasser und Frost führen zu Abbrüchen, halten die Steilküstenwände »frisch«, lassen deren Farben leuchten, legen die unterschiedlichsten Erdschichtungen frei.
Wie an der Steilküste von Brodau.

Der Bungsberg

»Schleswig-Holstein trägt im ganzen genommen den Charakter eines welligen Flachlandes, das geographisch als Tiefland bezeichnet werden muß.« Hat anno 1904 Johannes Schmarje geschrieben.*

Der Mann war Mittelschulrektor in Altona und ausgewiesener Fachmann in schleswig-holsteinischer Landeskunde. Der Mann hat Recht.

Trotz des - nach Schmarje - »geographischen Tieflandes«: Berge (der ganz kleinen Sorte) gibt es im Land zwischen den Meeren dennoch. Um gratige, zerklüftete, steil aufragende Felsen handelt es sich mit Ausnahme des Segeberger Kalkberges nicht. Hiesige Berge, präzise: Bodenerhebungen, bestehen aus verschiedenen Erdarten plus Geröll und Findlingsbrocken. Zusammengeschoben von den Eiszeiten.

In der Gegend knapp nordwestlich von Schönwalde haben die Eiszeiten besonders mächtig Druck ausgeübt. Und den Bungsberg entstehen lassen. Der bringt es laut amtlicher Kreiskarte Ostholstein auf 167 Meter. Und ist damit der höchste Berg des Landes.

Der Blick von der Aussichtsplattform des Bungsberg-Fernsehturms geht weit. Bei klarer Sicht bis zu den Türmen von Lübeck und - über die Ostsee hinweg - bis zu dänischen Inselküsten. Am schönsten aber ist der Blick auf die Felder und Wiesen, auf Knicks und Wald, auf Gehöfte und kleine Ortschaften gleich da unten. Holsteinische Landschaft in ihrem ganzen Zauber aus der Höhenperspektive.

* In »Die Provinz Schleswig-Holstein«, 2. Auflage; 1904

Holstentor – mit einer Stimme gerettet

Millionenfach ist es abgebildet worden: das Holstentor zu Lübeck.
Bilder sind nichts gegen das Original.
Das ist imponierend. Am beeindruckendsten wirkt das Gebäude, wenn man aus Richtung Bahnhof kommt und durch die Grünflächen langsam darauf zugeht. Gebaut wurde das Holstentor im Spätmittelalter, präzise: in den Jahren 1464 bis 1478. Verantwortlich dafür war Ratsbaumeister Hinrich Helmstede.
Mit der Berechnung der Tragfähigkeit des Untergrundes muß Meister Helmstede nicht so recht klargekommen sein. Schon während der Bauzeit

Das Holstentor von der Stadtseite (rechts) und von der Bahnhofsseite

sackten die ersten Teile im moorigen Boden ab. Kein Wunder, bei dem enormen Gewicht der bis zu 3,50 Meter dicken Mauern. Im Weiterbau der oberen Stockwerke wurde die Neigung zum Teil ausgeglichen. Man sieht es heute noch.
Natürlich ist das Holstentor damals nicht als hansestädtisches Wahrzeichen oder als historisches Kulturerbe für nachfolgende Generationen errichtet worden. Es sollte einem klaren, sehr

handfesten Zweck dienen: dem Schutz des Hafens. Also bestückte man es mit 30 Geschützen. Das beste an dieser Armierung: Aus keinem der Rohre wurde je ein Schuß abgefeuert. Zwei der unbenutzten, uralten Kanonenrohre liegen – museumsgerecht ausgerichtet – noch immer vor dem Holstentor.

Im Jahre 1863 hatten dann alle begriffen, daß das inzwischen 400jährige Torgebäude für Verteidigungszwecke nun wahrlich nicht mehr taugte. Im Rat wurde daher – oh, Graus! – der Abbruch des Holstentores diskutiert. Ein entsprechender Antrag wurde aber in der Lübecker Bürgerschaft abgelehnt – mit nur einer Stimme Mehrheit.

Ein Glück – das Holstentor blieb erhalten und überstand auch die Bomben des Zweiten Weltkrieges.

So verkündet die Inschrift über dem Tordurchgang denn weiterhin:

»CONCORDIA DOMI FORIS PAX« – Eintracht im Hause, Friede vor den Toren!

Detail am Holstentor

Das Rathaus

Wie es sich für eine (einst) reiche Hansestadt gehört: Das Lübecker Rathaus ist prächtig, ist malerisch. Ein Gruppenbau in Backstein, hauptsächlich aus der Zeit der Gotik. Auch die Spätrenaissance war beteiligt. Das eine und andere Teil ist neugotisch. Wie das eben so ist – im Laufe von Jahrhunderten wird auch an einem ehrwürdigen Rathaus erweitert, umgebaut, erneuert.
Die Außenfassaden samt Schauwand sind am besten von der Marktseite zu betrachten. Interessante Teile von verschiedenen Seiten. Zum Beispiel die Arkaden unter dem »Langen Haus«, der sandsteinerne Prunktreppenbau an der Ostfassade zur Breiten Straße, der reich geschnitzte hölzerne Erker von 1586.

Detail der Rathausfassade

Ausschnitt aus der Fassade des Lübecker Rathauses

Renaissance-Erker von 1586 und ein Detail der reichen Schnitzarbeit

Kaufmannsstadt

Natürlich haben die Lübecker stets Schiffahrt betrieben. Zu den glorreichen Zeiten der Hanse allzumal. Aber eigentlich war das Reedereigeschäft nur Mittel zum Zweck. Die Hansestädter waren vor allem Kaufleute, sie wollten Handel treiben. Und das war ohne Schiffahrt eben nicht möglich. Lübeck, die Kaufmannsstadt! Die »Buddenbrooks« lassen grüßen.
So stehen in Lübecks Altstadt Zeugen einstiger großen Kaufmannschaft dicht bei dicht: Speicher und stolze Kaufmannshäuser mit Treppengiebeln und oft prächtigen Türen.

Historische Salzspeicher an der Obertrave

Merkur, der Gott des Handels, auf der Puppenbrücke

Entschädigung

»Er wußte wohl, daß seine Vaterstadt, diese Hafen- und Handelsstadt, in der die geschäftlich hochachtbaren Bürger mit so unvergleichlich ehrenfester Miene das Trottoir mit ihren Spazierstöcken stießen, keineswegs die Heimstätte makelloser Moralität sei. Man entschädigte sich hier für seine auf dem Comptoirbock seßhaft verbrachten Tage nicht nur mit schweren Weinen und schweren Gerichten (...). Aber ein dicker Mantel von biederer Solidität bedeckte diese Entschädigung (...)«

(Thomas Mann in »Buddenbrooks«; Ausgabe Aufbau-Verlag, 1974)

Vornehmes Portal am Haus Alfstraße 38 im ursprünglichen altlübischen Kaufmannsviertel

Füchtings Hof

Stiftungshöfe geben Zeugnis von der privaten Armen- und Altersfürsorge vormaliger wohlhabender Bürger Alt-Lübecks. Diese gangartigen Hofanlagen gehen zumeist von einem Vorderhaus an der Straße aus. Sie sind ein- oder zweizeilig mit langgestreckten Traufenhausflügeln oder sogenannten Budenreihen bebaut. Diese enthalten Einzelwohnungen, jeweils mit separatem Eingang.
Füchtings Hof in der Glockengießerstraße 23-27 ist die schönste und größte Anlage eines Stiftungshofes in Lübeck. Gestiftet vom Ratsherrn Joh. Füchting für Witwen von Kaufleuten und Schiffern. Erbaut 1638-1641.
Füchtings Hof ist nach wie vor bewohnt. Abgeschirmt vom Straßenverkehr (und doch sind es nur ein paar Schritte zu den Geschäften der City) sonnen sich ältere Damen vor den Eingängen ihrer Wohnungen in der beschaulichen Atmosphäre einer gepflegten Hofanlage.
Joh. Füchting sei Dank!

Lübeck anno 1856

»Lübeck hat 112 Straßen und Plätze und 172 Gänge und Höfe. (...) Häuser hat die Stadt 3650, von denen 179 öffentliche Gebäude, Arbeits-, Fabrik- und Niederlagelokale sind; außerdem giebt es noch 1513 Wohnbuden und Säle. Eingetheilt wird die Stadt in 4 Quartiere: das Jacobi-Quartier (nordöstl.), das Marien-Quartier (südwestl.); das Marien-Magdalenen-Quartier (nordwestl.) und das St. Johannis-Quartier (südöstlich). Dazu kommen vor den Thoren 3 Vorstädte (...) Die Zahl der Einwohner in der Stadt und den Vorstädten betrug 1851: 29.852.«

(Aus: *»Topographie der Herzogthümer Holstein und Lauenburg, des Fürstenthums Lübeck und des Gebiets der freien und Hanse-Städte Hamburg und Lübeck«, von Johannes von Schröder und Herm. Biernatzki; 2. Band; in der Auflage von 1856)*

Füchtings Hof:
Das barocke Sandsteinportal des Vorderhauses und Blicke in den Hof

Detail an den Pastorenhäusern von St. Jacobi

Stille Großstadtwinkel

In Lübecks City und in den Altstadtquartieren herrscht viel Betrieb. In den Einkaufsstraßen sowieso. Und in, an, vor und hinter allen Sehenswürdigkeiten tummeln sich geführte und nicht geführte Besuchergruppen plus Individualtouristen aus aller Welt.

Aber es gibt auch noch die stilleren Winkel. Wie an der Straße »An der Obertrave« ab Höhe der Straße »Hartengrube«. Wie auch die »Hartengrube« selbst. Eine geradezu idyllische Atmosphäre. Fast südländisch zur Siesta-Zeit. Bewohner haben es sich vor ihren Häusern auf

Grimmiger Hauswächter

dem Bürgersteig ausruhend bequem gemacht. *»Kleinbürgerliche Bebauung«* schreibt Dehio.* Von manchen Häusern zweigen Wohngänge ab, im Prinzip auf schmaler Hoffläche eine Hinterhausbebauung. Der Durchgang geht quer durchs Vorderhaus. Hier sämtlich so niedrig, daß man nur gebückt hindurch kommt. Höher war nicht möglich, sonst hätte man die Räume

Wasser für Lübeck

»Wakenitz, ein Fluß der aus dem Ratzeburger See kommt, nach Lübeck geht, und einige Mühlen treibt. Ehe sie in die Trave fällt, wird das Wasser derselben in besondern Thürmen in die Höhe gehoben, und durch Röhren in die Häuser und Brunnen Lübecks vertheilt.«

(Aus: *»Topographie des Herzogthums Holstein, des Fürstenthums Lübeck, des Gebiets der freien Hansestädte Hamburg und Lübeck und des Herzogthums Lauenburg« von Joh. Friedr. Aug. Dörfer, Diaconus der Fleckenskirche in Preetz. Vierte Auflage. 1824)*

Im Quartier Hartengrube / An der Obertrave

des Vorderhauses »angeschnitten«.
Der Trubel der großen Stadt ist nahe - und scheint doch weit entfernt.

* Georg Dehio: »Handbuch der Deutschen Kunstdenkmäler. Hamburg/Schleswig-Holstein.« Deutscher Kunstverlag, 1994

Schnäppchen

Ja, ja die Lübecker. Die waren schon hellwach, als man woanders noch im mittelalterlichen Tiefschlaf lag.
Aber der Reihe nach:
Nach der erneuten Stadtgründung durch Heinrich den Löwen 1159 erreichte Lübeck bereits 1226 die Reichsfreiheit. Mit anderen Worten: Holsteinische Grafen hatten in der Travestadt nichts mehr zu melden.
Ärgerlich nur, daß die holsteinischen Grafen durch ihren befestigten Stützpunkt Travemünde mitsamt beherrschendem Steinturm noch immer die Möglichkeit hatten, den lübschen Seehandel zu kontrollieren. Schiffe von oder nach Lübeck mußten an Travemünde, dem Tor zur Ostsee, vorbei.
Es gab Streit hin, Streit her. Schließlich wurde im Jahre 1320 verhandelt. Graf Johann III. für Holstein, die Herren des Rates für Lübeck. Der Graf versprach, den Turm abzubrechen. Nach Biernatzki/Schröder* für eine Entschädigung von 7000 Speziestalern. Dem inzwischen zum Haupt der Hanse aufgestiegenen Lübeck war die Sache trotzdem nicht geheuer. Schließlich könnten die Holsteiner die für die Hansestadt lebenswichtige Traveeinfahrt, den Zugang zur Ostsee, auch ohne Turm kontrollieren, vielleicht sogar sperren.
Folglich: Travemünde - seit 1317 mit Stadtrechten ausgestattet - mußte lübsch werden.
Die Grafen von Holstein waren es vermutlich leid, wollten wohl auch keinen Konflikt mit der immer mächtiger werdenden Hanse riskieren. Sie verkauften im Jahre 1329 Travemünde an die Stadt Lübeck. Für 1060 Mark lübsch. Für die Lübecker ein Schnäppchen-Preis, bedenkt man die Bedeutung und den Wert von Travemünde damals, über die Jahrhunderte, bis in die Gegenwart, in der Zukunft.

Travemünde heute: Bekanntes, renommiertes, vielbesuchtes Seeheilbad mit Seebad-Tradition seit 1802. Seit 1889 gibt es die »Travemünde-Woche«, ein Segelsportereignis von Rang. An den Travemünder Kaianlagen werden jährlich Millionen Tonnen Güter umgeschlagen und Hunderttausende von Passagieren abgefertigt. Und drüben, auf dem Priwall, liegt als Museumsschiff die »Passat«, die bekannte Viermastbark, die als

Travemünder Hafenblick

eine der legendären »Flying-P-Liner« einst für die Reederei Ferdinand Laeisz die Ozeane kreuzte.

* In »Topographie der Herzogthümer Holstein und Lauenburg, des Fürstenthums Lübeck und des Gebiets der freien und Hanse-Städte Hamburg und Lübeck.« 2. Band; 1856.

Travemünde um 1855

Der alte Travemünder Leuchtturm

»Travemünde hat 4 Hauptstraßen, die Thorstraße, Hinterreihe und Vorderreihe und die Badegartenstraße, 305 Häuser und 58 Wirthschaftsgebäude und 1705 Einwohner, die sich größtentheils von der Schifffahrt, dem Fischfange (...), der Gastwirthschaft, durch Aufnahme der Fremden in der Badezeit und durch Vermiethung von Wohnungen an Badegäste ernähren.«

(Aus: *»Topographie der Herzogthümer Holstein und Lauenburg, des Fürstenthums Lübeck und des Gebiets der freien und Hanse-Städte Hamburg und Lübeck« von Johannes von Schröder und Hermann Biernatzki. 2. Band; 1856)*

Prachtbau und feiner Brunnen

Da könnte jeder ostholsteinische Gutsbesitzer, der selbst ein respektables Herrenhaus sein eigen nennt, doch glatt neidisch werden. Dann nämlich, wenn er nach Bad Schwartau kommt und am Markt jenen Prachtbau mit dem Renaissancegiebel erblickt, für den einem unwillkürlich der Begriff Schloß einfällt.
Aber nichts dergleichen. Ein Schloß ist es schon gar nicht, nicht einmal ein adeliges Herrenhaus. Und der feine Schaugiebel ist auch keine echte Renaissance, sondern Neorenaissance, wie das gesamte Gebäude. Im Klartext: Es ist das Amtsgericht. Als solches im Jahre 1910 fertiggestellt. Zu jener Zeit gehörte Bad Schwartau noch zum Fürstentum Lübeck, das wiederum Bestandteil des Großherzogtums Oldenburg war. Ein großherzogliches Amtsgericht also, damals.

Ein Renaissance-Schloß in Bad Schwartau?
Nein, das Amtsgericht und sein
(Neo-)Renaissancegiebel.
Davor der Brunnen »Spiel der Wellen«

Als Amtsgericht genutzt wird der dominierende Bau noch heute.

Vor dem Neorenaissancebau, auf dem - autofreien! - Marktplatz, komplettiert der Brunnen »Im Spiel der Wellen« das schöne Gesamtbild. Es handelt sich um die Nachbildung jener Brunnenanlage, die der Bildhauer Paul Peterich im Jahre 1912 geschaffen und seiner Vaterstadt zum Geschenk gemacht hatte. Das Original hatte den Zweiten Weltkrieg nicht »überlebt«.

Der schiefe Turm von Ratekau

Ratekaus Kirchturm ist schief. Darf er auch sein, bei seinem Alter. Das Gotteshaus wurde bereits 1156 erbaut* und ist eine der ältesten Feldsteinkirchen im Lande. Der Überhang des Turmes beträgt immerhin 1,20 Meter.* Aber standfest und stabil ist der urtümlich-schöne Rundturm wie seit Jahrhunderten.

* Angaben nach der touristischen Informationsschrift/ Gastgeberverzeichnis »Staatlich anerkannter Erholungsort Gemeinde Ratekau«, Ausgabe 2001/2002

Die Mühle von Farve

Diaconus Dörfer berichtet* 1824 noch von der Wassermühle Farve. Die dann aber – warum auch immer – eingegangen ist. Denn Johannes von Schröder/ Herm. Biernatzki schreiben 1855:
*»An dem ca. 18 Ton. großen Mühlenteich lag ehemals eine Wassermühle.«***
Ganz ohne Mühle konnte ein so großes Gut wie Farve aber nicht sein. So wurde bereits 1828 auf dem Hoffeld die Farver Windmühle erbaut, ein sogenannter Erdholländer.
Diese schöne Windmühle hat zwar als aktive Mühle längst ausgedient, blieb aber erhalten. Renoviert und gepflegt, grüßt sie, auf hoher Lage stehend, alle, die auf der Bundesstraße 202 zwischen Lütjenburg und Oldenburg des Weges kommen.

* In »Topographie des Herzogthums Holstein und des Fürstenthums Lübeck...«, vierte Auflage. 1824

**In »Topographie der Herzogthümer Holstein und Lauenburg, des Fürstenthums Lübeck...«, erster Band, 2. Auflage. 1855

Stadttor und Pagodenspeicher

Im Jahre 1226 wurde Lübeck dank Kaiser Friedrich II. freie Reichsstadt und war damit für Holstein »verloren«.
Die Holsteiner Landesherren sannen auf Abhilfe und kamen bald auf die Idee, einen Konkurrenzort zu gründen: die »nighe stad by der Crempen«. Crempen war damals eine Burg. 1244 wurde der Ort auch förmlich zur Stadt erhoben. Später – so ab 1500 – wandelte sich die »nighe stad« in »Neustadt«. Dabei ist es geblieben.
Der Platz der Stadtgründung war überlegt gewählt: Die Lage an der geschützten Ostseebucht mit ungehindertem Zugang zum Meer und für damalige Zeit guten Hafenverhältnissen ließen auf regen Seeverkehr hoffen.

Befestigt wurde die »nighe stad« selbstverständlich auch, mit Mauern, Wällen und Gräben. Durch die Stadttore – das Brückentor, das Hohetor und das Kremper Tor – passierte der landseitige Verkehr.
Geblieben ist bis heute allein das Kremper Tor, das bekannteste Gebäude der kleinen Stadt. Die Neustädter sind darauf schon ein wenig stolz, auch wenn ihr spätmittelalterliches Stadttor nicht gar so großartig und nicht so berühmt ist, wie das Holstentor in Lübeck.

Aus einer solchen Periode stammt der 1830 gebaute Kornspeicher am Hafen. Er ist nicht so berühmt und bekannt wie das Kremper Tor, als Bauwerk aber interessant und in seiner Art hierzulande einmalig.
Mit seinem sechsfach gestuften Ziegelwalmdach erinnert der Bau an eine Pagode. Die eigenwillige Dachform entsprach reiner Zweckmäßigkeit: In den schmalen Dachabsätzen befanden sich Luken, die einen kräftigen Durchzug ermöglichten. Im Luftzug wurde das gelagerte Korn getrocknet und trockengehalten.

Neustadt:
Das Kremper Tor (links außen),
der »Pagodenspeicher« (Mitte)
und Morgengäste, die aufs Frühstück warten (unten)

In Neustadt ist man mit allem eben ein wenig bescheidener.
Das muß man wohl auch sein: Mit der beabsichtigten Konkurrenz zu Lübeck jedenfalls hat es nie geklappt. Die Hansestadt an der Trave war stets viel zu mächtig und zu groß. Da blieb für das benachbarte holsteinische Neustadt mehr so eine Art wirtschaftlicher Nischenfunktion. Aber auch die hat - im Auf und Ab wechselvoller Zeiten - immer ausgereicht, um den Bewohnern bescheidenen Wohlstand zu ermöglichen.

Torhaus und Kornscheune

Torhaus und Herrenhaus von Gut Hasselburg

Das zweistöckige Torhaus von Gut Hasselburg* wird viel gerühmt, gilt als eines der größten und schönsten im Lande. Der bekannte Eutiner Hofbaumeister Georg Greggenhofer war Architekt dieses 1763 entstandenen stattlichen, spätbarocken Gebäudes. Keine Frage, es ist größer und prächtiger als sonst übliche Gutstorhäuser. Fast möchte man meinen, für einen Gutshof eine Spur zu nobel. Der Bauherr, ein Graf von Dernath, wollte wohl auch damit prunkvoll repräsentieren. Verständlich, der Mann war schließlich nicht nur Gutsbesitzer, sondern auch Geheimer Rat und Kammerherr am dänischen Königshof, zudem Landrat. Von 1666 bis 1816 war die ursprünglich aus Holland stammende Familie von Dernath Eigentümer auf Hasselburg.

Zwei Jahre vor dem Torhausbau war 1761 bereits die Kornscheune entstanden. Ebenfalls ungewöhnlich groß, 80 Meter lang, 22 Meter breit. Ein Ziegelbau mit rundbogigen Toreinfahrten und Stalltüren, kleinen Rundfenstern (»Ochsenaugen«) und einem riesigen Reetdach. Eine großartige Scheune, ebenso funktionsgerecht wie - insgesamt und im Detail - formschön. Passend zu einer der großen Gutsanlagen in

Holstein. Korn wird darin schon längst nicht mehr gelagert. Die Dernath'sche Kornscheune wandelte sich - im Innern - zur Konzertscheune. Veranstaltungen des Schleswig-Holsteinischen Musikfestivals auf Hasselburg - neben anderen - sind Höhepunkte des Musik-Kultur-Lebens im Lande.

Torhaus und Scheune können - nicht nur zu Festivalzeiten - von außen besichtigt werden. Kein »Betreten-verboten«-Schild stoppt den Besucher vor dem Torhaus. Den Verantwortlichen, Eigentümer und Pächter, sei dafür Dank. Erst

Kindergartenkinder vor der Kornscheune von 1761

an der Wassergrabenbrücke vor dem Herrenhaus ist für »Unbefugte« verständlicherweise Schluß mit dem Spaziergang über den Gutshof. Kein Problem, ist doch von hier aus der Blick frei auf die Hofseite des Herrenhauses. Aber eigentlich sind Torhaus und die ehemalige Kornscheune sowieso am beeindruckendsten.

* Hasselburg: Wenige Kilometer nördlich von Neustadt in Holstein, an der Landstraße L 216

Das Schiff der Slawen vor 1000 Jahren

Am Steg neben den beiden Lagerhäusern hat die »Starigard« festgemacht, ein slawisches Handelsschiff aus dem 10. Jahrhundert. Daneben schwimmt ein Einbaum, wie er in westslawischen Siedlungsbauten damals in Gebrauch war.
»Starigard« ist ein slawischer Name und bedeutet »Alte Burg«. Davon abgeleitet hat die Stadt Oldenburg in Holstein ihren Namen.
Hier hat sie einst gestanden, die Starigard, die Alte Burg, geschützt von dem bis heute erhaltenen, mächtigen Oldenburger Ringwall. Die gegen Ende des 7. Jahrhunderts gegründete, Mitte des 8. Jahrhunderts zur Großburg erweiterte Anlage war Fürstensitz und stark bevölkerte Handelsniederlassung der Wagrier. Bis zur Mitte des 12. Jahrhunderts.

Einbaum

Zu jener Zeit bestand noch ein unmittelbarer, schiffbarer Zugang zur Ostsee. Burg und Siedlung Starigard hatten einen eigenen Hafen. In etwa wohl dort, wo jetzt auf dem Gelände des »Wall-Museums Oldenburg«, im Großen Wallsee – im rekonstruierten slawischen Hafen – auch das Handelsschiff »Starigard« schwimmt. Es ist – so wird berichtet – der weltweit einzige originalgetreue Nachbau eines slawischen Handelsschiffes aus dem 1. Jahrtausend. In diesem, unter wissenschaftlicher Leitung, mit Werkzeugen und Materialien der damaligen Zeit entstande-

Hauptstadt der Obotriten

»Oldenburg war im 9. und 10. Jahrhundert eine der wichtigen Städte im Norden und die Hauptstadt des von den heidnischen Obotriten bewohnten Wagriens.«

(Aus: *»Neueste Erdbeschreibungen und Staatenkunde« von Dr. F. H. Ungewitter, erster Band, dritte Auflage; 1853)*

Im Hafen der Slawen (links) hat ein originalgetreu nachgebautes Schiff aus dem ersten Jahrtausend angelegt.

nen Nachbau wurde – wie etwa vor 1000 Jahren – kein einziges Stück Metall verarbeitet. Vorbild war ein Wrackfund in der Eckernförder Bucht. Wer mehr erfahren möchte über Herkunft und Leben der Slawen in Ostholstein, über ihr späteres Schicksal, über die frühe Geschichte Oldenburgs, erhält vielfältige, anschauliche Informationen in den Gebäuden des Wall-Museums. Im Verhältnis 1:1 wurde sogar ein Stadtteil rekonstruiert. Im Innern der Häuser und auf einem Platz spiegelt sich der Alltag vor etwa 1000 Jahren wider.

Der »6. Erdteil«

185 Quadratkilometer flaches Land, eine Kleinstadt, 42 Dörfer, 78 Kilometer Küste, vier Kirchen, fünf Leuchttürme, 12.420 Einwohner, -zig Tausend Urlaubsgäste Jahr für Jahr, Zugang über die 963 Meter lange Sundbrücke. Die Rede ist von Fehmarn, Schleswig-Holsteins einziger Ostseeinsel von nennenswerter Größe.
Vielfach auch als »6. Erdteil« tituliert. Weil die Fehmaraner in Sitten und Gebräuchen, in Lebensart und Lebensansichten oft »ein wenig anders« waren (und gelegentlich noch sind) als die Leute drüben auf dem Festland.
Trotz der 1963 eingeweihten Brücke zum Festland: Fehmarn blieb eine »richtige« Insel. Mit diesem nicht erklärbaren, von Einheimischen und Gästen gleichermaßen geschätzten »Insel-Feeling«. Eine Insel, die groß genug ist, damit es nicht eng wird, die klein genug ist, damit es überschaubar bleibt. Rundherum ist blaue, grüne, graue, silbern-glänzende Ostsee, je nach Sonne, Wolken und Wind.
Seit dem 1. Januar 2003 ist ganz Fehmarn eine Stadt. Die bisherige Stadt Burg und die bisherigen drei Landgemeinden - Westfehmarn, Landkirchen und Bannesdorf - haben sich, Volkes Wille folgend, zur Verwaltungseinheit »Stadt Fehmarn« zusammengeschlossen.

Fehmarn:
Rundherum ist Ostsee...

Ein Kleiderbügel als Nabelschnur –
die Brücke nach Fehmarn

DER SÜDEN

...umfaßt die Kreise Stormarn, Pinneberg, Steinburg und Herzogtum Lauenburg.
Unterschiedliche Landschaften gehören zu diesem Gebiet: Der Naturpark Lauenburgische Seen mit den kleinen Städten Mölln und Ratzeburg. Die Elbregion mit der Stadt Lauenburg, mit Geesthacht und Wedel. Der Sachsenwald mit den Ortschaften Aumühle und Friedrichsruh. Der – erweiterte – Ring um Hamburg mit Pinneberg, Norderstedt, Glinde, Reinbek, Wentorf bei Hamburg, Ahrensburg, Bad Oldesloe und Schwarzenbek. Das bekannte Baumschulgebiet zwischen Halstenbek, Rellingen, Elmshorn und Uetersen. Die Wilster- und die Krempermarsch. Die Städte Itzehoe, Glückstadt, Kellinghusen, Wilster und Krempe.

Von Heinrich Rantzau zu den Benediktinern

Herrenhaus Nütschau:* drei Giebelhäuser sind längsseitig zu einem Baublock vereinigt. Schlicht, aber eindrucksvoll. Links und rechts vom Eingang zwei eingemauerte Granitquader mit Inschriften. Links: »Ao DNI / 1577 / HINRICH / RANTZOW / Ao AETAT. / 53.«
Rechts: »Ao DNI / 1577 / CHRISTINA / VAN HALE/ Ao AETAT. / 45.«
Hinrich Rantzow, das ist nach heutiger Schreibweise Heinrich Rantzau. Die genannte Christina von Hale, die »Erbtochter zu Rinteln und Drakenburg«, war seine Ehefrau. Die Angabe 1577 informiert über das Jahr des Baubeginns.
Bautafeln dieser Art sind typisch für Heinrich Rantzau. Er ließ alle seine Bauten im Lande mit derart »dauerhaften Hinweisschildern« versehen. Hier auf Nütschau haben sie bereits 424 Jahre lang alle Zeitstürme überstanden. Rekordverdächtig.
Sie erinnern an einen bedeutenden und interessanten Mann, der von 1526 bis 1598 lebte. Bekannt ist er hauptsächlich als Statthalter des Königs von Dänemark. Zuerst über der Anteil der Krone an Schleswig und Holstein, später auch über den gemeinsam mit dem Gottorfer Herzog zu verwaltenden Anteil. Der weltgewandte Heinrich Rantzau hatte in Wittenberg studiert, fünf Jahre am Hof Kaiser Karls V. gelebt, Reisen unternommen. Er war Diplomat, Gelehrter, Sammler, Kunstliebhaber, vielfacher Bauherr, Humanist und Mäzen von europäischem Ruf.
Seine finanziellen Mittel waren offenbar enorm. Die Quellen des Geldes: Einkünfte aus diversen, in persönlichem Besitz befindlichen Gütern, Amtmann von Segeberg (besser bezahlt als die Statthalterschaft), Getreidehändler, Bergwerksbetreiber, Statthalter der Herzogtümer. Und eine riesige, »erheiratete« Mitgift seiner Frau, der Christina von Hale. Geldverleiher war Heinrich Rantzau auch. Peter Hirschfeld schreibt:**
»... wie denn auch Heinrich Rantzau Könige und Städte zu Schuldnern hatte.«
Dauerhaft gelebt hat Heinrich Rantzau mit seiner Christina auf Nütschau wohl nicht. Sein Domizil war die Breitenburg bei Itzehoe.
Aber auf Nütschau ist Heinrich Rantzau - dank des erhaltenen Herrenhhauses und der steinernen Bautafeln - sozusagen noch gegenwärtig.
Der eher unpassende Turm auf dem Herrenhaus stammt nicht von Rantzau, sondern wurde mehr als zwei Jahrhunderte später, 1792, aufgesetzt.
Nütschau heute? Nachzulesen auf einer dezenten Infotafel: »Kloster Nütschau. Benediktiner-Priorat St. Ansgar«.

* Nütschau liegt zwischen Bad Segeberg und Bad Oldesloe. Abfahren von der A21 (früher B 404). Ist ausgeschildert.

**In: »Herrenhäuser und Schlösser in Schleswig-Holstein.« Deutscher Kunstverlag, 1953

Herrenhaus Nütschau

Das »Herzogtum« war gerettet

Schleswig-Holsteins südlichster Landkreis heißt »Kreis Herzogtum Lauenburg«. Amtlich und offiziell. Wieso das »Herzogtum« in der Mitte? Die Aufklärung: Vor Zeiten war Lauenburg ein »richtiges« Herzogtum. Genauso wie die Herzogtümer Schleswig und Holstein. Nachdem Preußen die sogenannte »Schleswig-Holsteinische Frage« mittels Feldzug gegen Dänemark 1864 »gelöst« hatte, gehörte Lauenburg ab 1865 zu Preußen. Aber nur in Personalunion, nicht als Realunion. Das Herzogtum bestand weiter. Ein vollständiger Anschluß wurde angestrebt, mußte wohl auch angestrebt werden. Der lauenburgische Erblandmarschall von Bülow (auf Gudow) verhandelte darüber in Berlin.

Lauenburg sollte als zu bildender Landkreis in die inzwischen bestehende preußische Provinz Schleswig-Holstein eingegliedert werden. Einverstanden, sagten die herzoglichen Lauenburger, aber dann soll die Provinz künftig »Schleswig-Holstein-Lauenburg« heißen. Das hätte Sinn gemacht, schließlich war es der Zusammenschluß dreier Herzogtümer. Dem »großen Macher« Bismarck gefiel das nicht. Sein Vorschlag: dem zu bildenden Landkreis den Namen »Kreis Herzogtum Lauenburg« zu geben. Das »Herzogtum« retten - das war's!

Und so geschah es. Das »Vereinigungsgesetz« vom 23. Juni 1876 lautet in § 1:

»Das Herzogthum Lauenburg wird vom 1. Juli 1876 ab in Gemäßheit des Artikels 2 der Verfassungsurkunde für den Preußischen Staat mit der Preußischen Monarchie für immer vereinigt.«

Im § 6 dann die entscheidende Passage:

»Das Herzogthum Lauenburg bildet einen besonderen landräthlichen Kreis unter der Benennung Kreis Herzogthum Lauenburg.«

Dabei ist es geblieben.

Landschaft im Kreis Herzogtum Lauenburg

Mölln und die Sache mit Till

»Der Salzhandel machte Mölln reich, und Till Eulenspiegel machte Mölln berühmt.«
Sagen die Möllner. Der Salzhandel via Alter Salzstraße und Stecknitzkanal ist längst passé. Von Reichtum in der Stadtkasse kann so recht auch keine Rede mehr sein.
Die Berühmtheit ist geblieben. Dem Erzschelm Till sei Dank. Geboren ist Eulenspiegel nicht in Mölln, sondern in Kneitlingen im Braunschweigischen.* In Mölln ist der bekannteste deutsche Schalk gestorben, Anno 1350 soll's gewesen sein. P.L. Berckenmeyern berichtet in seinem »Neuvermehrter Curieuser Antiqarius« im Jahre 1746 über Tills Grabstein:

»Auf seinem renovirten Monument ist folgende Grabschrift zu lesen:

›Anno 1350 iß düsse Steen upgehafen,
Tylle Eulenspiegel lehnet hierunter begraven,
Merkt wohl und denkt daran,
All de hier vor över gan,
Wat ick gewest up Erden,
Möten my glieck werden.‹

Auf zweyen Ecken des Steins ist eine Eule und Spiegel gehauen.«

lenspiegel-Gilde. Kurzum: Till ist Möllns bekanntestes Markenzeichen.
Allerdings, Mölln ist nicht nur Till Eulenspiegel. Schließlich ist das nette, von Seen und Wald umgebene Städtchen auch staatlich anerkannter Kneippkurort.

* Angabe nach: »Meyers Kleines Konversations-Lexikon«, 7. Auflage; 1914

Mölln – von Seen umgeben:
Links Till Eulenspiegel auf »seinem« Brunnen,
unten Rathaus und St. Nicolai-Kirche

Dieser Grabstein, eingemauert in der Außenwand der St. Nicolai-Kirche, wird noch heute von jedem Mölln-Besucher besichtigt.
Als Brunnenfigur in Bronze sitzt Till, angetan mit Narrenkappe, Schellen und Schnabelschuhen, unterhalb der Kirche am Markt. Gelegentlich, bei Stadtfesten und »wenn in Mölln so richtig was los ist«, tritt auch ein buntkostümierter, leibhaftiger Till auf. Sodann wären da noch das städtische Eulenspiegelmuseum, die Möllner Eulenspiegel-Freiluftspiele und die Möllner Eu-

Kanäle für Lübeck

Die Lübecker wußten schon immer, was gut ist für's Geschäft. Von 1391 bis 1398 ließen sie den Stecknitzkanal graben. Er verband die Flüßchen Delvenau und Stecknitz und schuf so die erste schiffbare Wasserverbindung zwischen Elbe und Trave, zwischen Lübeck und Lauenburg, zwischen Nord- und Ostsee.

Der Stecknitzkanal - die gesamte Strecke zwischen Lübeck und Lauenburg wurde so genannt - war eine der ältesten, schiffbaren, künstlichen Wasserstraßen Europas, mindestens 7,5 Meter breit, 0,85 Meter tief, ausgestattet mit einer Anzahl von Schleusen. Insbesondere der Transport des Lüneburger Salzes auf diesem Kanal ist »große Geschichte« - und war für die Lübecker Handelsherren ein großes Geschäft. 1880 - nach 482 Jahren Betrieb! - befuhr der letzte Lastkahn den Kanal.

Binnenschiff in einer Schleuse des Elbe-Lübeck-Kanals

Die Palmschleuse bei Lauenburg - so genannt nach einem einstigen Schleusenmeister - ist eines der wenigen erhaltenen und zu besichtigenden Bauwerke des legendären Stecknitzkanals.

Durch die Einstellung der Stecknitzfahrt war Lübeck ohne direkte Schiffsverbindung nach Hamburg und zur Nordsee. Das gefiel den Hansestädtern nicht. Nach der 1895 erfolgten Eröffnung des Nord-Ostsee-Kanals - der ausgerechnet Kiel mit der Nordsee verbindet - schon

Der 67 Kilometer lange Elbe-Trave-Kanal war freigegeben. Später erfolgte eine Namensänderung: Elbe-Lübeck-Kanal. Gut, die Lübecker hatten schließlich das meiste bezahlt.
Binnenschiffe transportieren auch heute noch, in etwa 8–10 Stunden Fahrt, Güter und Waren auf diesem Wasserweg zwischen Lauenburg und Lübeck. Im Jahre 1999 waren es 1,13 Millionen Tonnen. Und natürlich ist der Kanal eine beliebte Sportbootstrecke.
Für Wanderer an Land auf begleitenden Seitenwegen bietet der Elbe-Lübeck-Kanal mit seinen Brücken und Schleusen interessante Motive. Und malerische, stille Landschaftsbilder. Ein wahres Idyll ist die im Sommerhalbjahr verkehrende Kettenfähre von Siebeneichen.

Die historische Palmschleuse des Stecknitzkanals bei Lauenburg, rechts Landschaft am Elbe-Lübeck-Kanal

gar nicht. Die Lübecker drängten auf einen neuen Kanal – von Lübeck zur Elbe.
Der Kanal wurde gebaut. Kosten: 23½ Millionen Goldmark. 7 Millionen zahlte Preußen, 600.000 Goldmark (auf »Wunsch« von Preußen) der Landkreis Herzogtum Lauenburg. Den großen »Rest« aber hat Lübeck aufgebracht. Der Hansestadt war »ihr« Kanal – im Wortsinn – viel Wert. Über weite Strecken nutzten die Kanalbauer das Bett der alten Stecknitzfahrt, allerdings erheblich begradigt. Am 16. Juni 1900 dann die feierliche Eröffnung durch Kaiser Wilhelm II.

Dom in Backstein

Der Dom von Ratzeburg

Die frühen, großen Backsteinbauten im Lande sind baustofftechnisch gewissermaßen Verlegenheitslösungen. Naturstein als Baumaterial war in der Nähe nicht oder nicht in genügender Menge und passender Art vorhanden. Die für Großbauten benötigten Mengen an Baustoffen - etwa Sandstein - über weite Strecken heranzutransportieren, verbot sich. Die mittelalterlichen Straßen - zumal hier im Norden - waren nicht danach, die Transportfahrzeuge auch nicht. Und überhaupt: Wer hätte das (auch noch) bezahlen sollen?

Also mußte in Backstein gebaut werden. Insbesondere »Vorzeigebauten« entstanden aus diesem Material. Das waren zu jener Zeit Kirchen. Zum Beispiel der Ratzeburger Dom.

Den ließen die Prämonstratenser-Chorherren errichten. Grundsteinlegung soll 1154, Baufertigstellung 1220 gewesen sein. Heinrich der Löwe hat den Bau sehr gefördert.

Es müssen wahrhaft hervorragende Architekten, Statiker, Baumeister und Bauarbeiter gewesen sein, die ein solches großes und großartiges, die Jahrhunderte überdauerndes Backsteinbauwerk entstehen lassen konnten. Die Harmonie der architektonischen Linien, die Klarheit der ein-

zelnen Baukörper sind beeindruckend, sind zeitlos schön - innen und außen, im Detail und in der Gesamtheit.

Der Ratzeburger Dom, eine der ältesten Backsteinkirchen Norddeutschlands, eine dreischiffige, kreuzförmige, gewölbte Pfeilerbasilika, hat seit rund 800 Jahren bis heute seine romanische Stilreinheit bewahrt. Er wurde später nie wesentlich umgebaut oder erweitert.

Der Löwe vor dem Ratzeburger Dom

Vor dem Ratzeburger Dom steht ein mächtiger Bronzelöwe als Standbild. Erinnerung und Referenz an Heinrich den Löwen. Und das ist die Geschichte:

Um 1050 hatte man mit der Christianisierung begonnen, 1062 das Bistum Ratzeburg erstmals gegründet. Die Wenden, bis dahin in der Gegend ansässig, hielten nichts von Christianisierung und - verständlicherweise - schon gar nichts von Vertreibung. Sie riefen im Jahre 1066 erfolgreich zum großen Aufstand, erschlugen den Abt Anservus des Klosters auf dem St. Georgsberg mitsamt 18 seiner Klosterbrüder. Die Schlacht bei Schmielau, 1093, aber verloren die Wenden. Die Christianisierung (und die »Verdrängung« der Wenden) begann- anfangs zögerlich - auf's Neue.

Mit dem Sachsenherzog Heinrich dem Löwen aus dem Hause der Welfen kam die Sache dann richtig in Gang. 1143 errichtete er die Grafschaft Ratzeburg, 1154 stiftete er das Bistum Ratzeburg neu. Als ersten Bischof berief er Evermond von Cambrai, bis dahin Propst des Prämonstratenserstifts zu Magdeburg. Eine Anzahl seiner Magdeburger Domherren brachte Evermond gleich mit nach Ratzeburg. Die Prämonstratenser hatte Heinrich der Löwe sehr überlegt ausgewählt. Sie verfügten über Erfahrungen in der Missionierung und der Kolonisierung. Dergleichen ging ja damals Hand in Hand. Am 11. August 1154 - so steht es im »Kleiner Führer durch den Ratzeburger Dom« - war bereits Grundsteinlegung für den Dom. Der Bischof - das wird noch heute berichtet - ließ den Dom dort errichten, wo sich der Überlieferung nach einst ein slawisches Heiligtum befand: ein Eichenhain, in dem die slawische Fruchtbarkeitsgöttin Siwa verehrt wurde. Zimperlich waren sie also ganz und gar nicht, die frühen Missionierer und Kolonisierer.

Jedenfalls, mit Heinrich dem Löwen begann Ratzeburg. Sein Andenken wird in der Inselstadt gepflegt. Bekanntestes Zeichen dafür: der Löwe vor dem Dom. Ein Geschenk aus der Zeit um 1880 der Großherzogin von Mecklenburg-Strelitz an die Domkirche. Warum von der Mecklenburgischen Großherzogin? Deshalb: Dom und Domhalbinsel gehörten jahrhundertelang zu Mecklenburg. Zitate aus dem »Kleinen Domführer«:

»1554 - Bischof Christoph von der Schulenburg wird Protestant und verkauft das Bistum für 10.000 Taler an Herzog Christoph von Mecklenburg.«

Und auch:

»1548 - Säkularisierung des Bistums. Als Fürstentum Ratzeburg kommt es zu Mecklenburg.«

Das »Armenstift« auf Gudow und die von Bülow'sche Wappen- und Stiftungstafel von 1704

Die von Bülow auf Gudow

Das dürfte Landesrekord sein. Ein Anwesen seit 536 Jahren ununterbrochen im Besitz einer Familie. Die Rede ist von Gut Gudow und dem Adelsgeschlecht von Bülow. Im Jahre 1470 kauften die Brüder von Bülow den Besitz. Im Eigentum derer von Bülow ist das Gut noch immer. Derzeitiger Gutsherr: Detlev Werner Erblandmarschall von Bülow. Die Würde des Erblandmarschalls (des – vormaligen – Herzogtums Lauenburg) ist übrigens an den Besitz von Gudow gekoppelt.

Der Gutsherr auf Gudow ist außerdem auch noch »Patron« des sogenannten Armenstiftes gegenüber der Kirche. Eine Inschrifttafel macht das deutlich:
»Wiederum renoviert vom jetzigen Patron Detlev Werner v. Bülow. Gudow im Jahr 2000. Mit Hilfe der Stiftung Schleswig-Holsteinische Landschaft und der Agnes Gräfe-Stiftung.«
Gestiftet und errichtet wurde das Armenstift im Jahre 1704 – natürlich durch einen von Bülow. Bautafel und das Bülow'sche Wappen sind im Giebeldreieck zu betrachten.
Eine frühere Renovierung erfolgte im Jahre 1800, wie ebenfalls per steinerner Inschrift nachzulesen ist. Damals *»vom zeitigen Patron dem Land Marschall und Cämmerer Georg Ludwig von Bülow auf Gudow.«*

Behlendorfer Dorfspaziergang

In Behlendorf steht der bronzene Hahn auf steinernem Sockel und verkündet: »Behlendorf ist schönstes Dorf. Nach Wettbewerben amtlich bestätigt. Nämlich Kreissieger 1990, Landessieger 1991 und Silberplakette 1991 im Bundeswettbewerb.« Auch 1999 war man wieder erfolgreich dabei.

Impressionen aus Behlendorf

In der Tat, Behlendorf ist rundherum ein schönes Dorf. Mit dieser angenehmen Mischung aus modernem, »aufgeräumtem« Dorfambiente einerseits und mit romantisch-idyllischen Winkeln andererseits. Mit einem offenen und doch anheimelnden Dorfplatz samt Rundbank am Stamm des alten Baumes. Mit Reetdachbauten und neueren Einfamilienhäusern. Bauerngehöfte mit dem Großtor, vor dem die Katze Mittagsschlaf hält und der Hahn - der leibhaftige - stolz spazieren schreitet. Mit bunten Gärten und mit Kürbissen vor dem Hauseingang. Mit der altehrwürdigen Kirche, dem optischen Dorfmittelpunkt. Und mit dem See, dem das Dorf den Namen gibt.

Behlendorfer Dorfspaziergang - ein Vergnügen.

Schipperhöge und Eierpunsch

Die Privilegien sind auch nicht mehr das, was sie einmal waren. Früher, als es hier noch einen leibhaftigen Herzog gab, war der Schützenkönig der Stadt Lauenburg ein Jahr lang von allen Steuern und Abgaben befreit. So jedenfalls wird es im Ort heute noch erzählt. Jedes Jahr kürt man einen neuen Schützenkönig in dem Elbstädtchen. Nur von zwölfmonatiger Steuerbefreiung kann keine Rede mehr sein. Dem Schützenfest tut das keinen Abbruch. Das feiert die Schützengilde von 1666 wie eh und je, mit Umzug und Volksvergnügen. Noch berühmter ist das Fest der Schifferbrüderschaft in jedem Januar, die »Schipperhöge«. Höge kommt von högen. Das ist plattdeutsch

und bedeutet »sich freuen«. Gefreut wird sich auf der Schipperhöge seit Jahrhunderten, auch wenn die Schifferbrüderschaft in den Notzeiten des Dreißigjährigen Krieges als Gemeinschaft zur Unterstützung von Hinterbliebenen gegründet worden ist.

Der Lauenburger Eierpunsch, das traditionelle Festtagsgetränk der Schiffer, wird auf der Schipperhöge – und nicht nur dort – immer noch gereicht. Aber Vorsicht, er hat's in sich, wie das Rezept aus alter Zeit deutlich macht:

50.000 Taler Elbzoll

»Lauenburg, an der Elbe und Steckenitz, mit 250 Häusern, 3280 Einwohnern und einem Elbzoll von jährlichen 50.000 Thalern. Die auf der Elbe häufig ankommenden Güter werden größten Theils auf der Steckenitz nach Lübeck gebracht.«

(Aus: *»Johann Hübners reales Staats, Zeitungs- und Conversations-Lexicon«, Ausgabe von 1814)*

An der Elbe bei Lauenburg und Motive aus der Lauenburger Altstadt

»Man reibe die Schale von drei Zitronen auf Zucker ab, schüttet diese mit dem Safte von sechs Zitronen, ¼ Pfund Zucker, 1 Quart Franzwein, ½ Quart Arrak, ½ Quart Wasser und 12 Eier in einen Kessel, setzt diesen auf Kohlefeuer und schlägt mit dem Besen so lange, bis es in einem Schaume in die Höhe steigt.«

Die Besichtigung der malerischen Altstadt Lauenburgs sollte geschehen, bevor dem Eierpunsch hinreichend zugesprochen wurde. Man hat dann noch den klareren Blick.

Von Barock bis zur Postmoderne

Im Vordergrund ein altes, sehr hübsches, bestens gepflegtes Fachwerkhaus. Dahinter ragt ein modernes Rechteck-Hochhaus empor. Unpassend? Architektonischer Stil-Mischmasch? Verschandlung des Stadtbildes? Mitnichten! Das alte und das neue Gebäude präsentieren ihre Fassade in Paradeweiß – und harmonieren prächtig zusammen. Ein Bild zum Anschauen.

So ist das in Itzehoe. Scheinbar Gegensätzliches, Altes und Neues, stehen dicht beieinander. Und verbinden sich zu einem kunterbunt-fröhlichen Miteinander. Hinter jeder Ecke interessante, überraschende Motive.

Die preußisch-grundsolide Kaiser-Karl-Schule von 1869 mit den allegorischen Figuren »Kunst« und »Wissenschaft« auf der Giebelspitze. Ein paar Schritte weiter das neue Rundgebäude des Itzehoer Theaters, architektonisch avantgardistisch anmutend mit einer Prise »alte Burgenherrlichkeit«. Idyllische Winkel mit dem Kleinstadtcharme einer vergangenen Zeit hier, pulsierendes Leben in Einkaufsstraßen dort. Schmale Gänge eines mittelalterlichen Stadtplans zwischen Häuserzeilen. Kurvige Straßen, Fußgängerzonen, freie Plätze. Noble ehemalige Adelshöfe, Jugendstilvillen, prächtige Stadthäuser der Gründerzeit, herrschaftliche Bauten eines einstigen Großbürgertums,

Itzehoe mit Bauten von gestern und heute, oben das moderne Itzehoer Theater

Itzehoe um 1855

»Itzehöe, Stadt in Holstein, an der Stör, welche die Alt- und Neustadt scheidet; beträchtlicher Getreide- und Holzhandel, Lichtgießerei, Cichorien- und Tabakfabr., Töpferei, Gerberei, Salzsiederei, Zuckerraffinerie, Brauerei, Brennerei, Schifffahrt, Walfischfang, Schiffbau. 6000 Einwohner. (...)
Dampfschifffahrt regelmäßig zwischen Hamburg und Itzehöe. Die Stadt besaß 1841: 26 Schiffe zu 307½ Commerz-Last.«

(Aus: *»Ritter's geographisch-statistisches Lexikon«, vierte Auflage; 1855)*

kleine vormalige Handwerkerhäuschen, Heimatschutzarchitektur der 1920-er Jahre, kombinierte Wohn- und Speichergebäude aus früheren Handelszeiten. Dazu, dazwischen, daneben Neubauten von 1950 bis heute.
Und vieles, vieles mehr, von Barock bis zur Postmoderne. Von zeitlos schön bis schlicht funktional.
Itzehoe – Kreisstadt des Kreises Steinburg, Wirtschafts- und Verwaltungszentrum, kultureller Mittelpunkt der Region – lädt ein zu Stadtspaziergängen.

»Kunst« und »Wissenschaft« auf der Kaiser-Karl-Schule

Malerisch

Das Klosterhofgelände ist im ohnehin vielfältigen Itzehoer Stadtbild gewissermaßen das malerische »Sahnehäubchen«. Eine zwar frei zugängliche, aber noch immer abgeschiedene, ruhige Oase inmitten einer lebhaften City.
Mit Motiven wie aus dem Skizzenbuch der Romantik. Mit kleinen Wohnhäusern und mit dem dominierenden Äbtissinnenhaus in zweigeschossigem Fachwerk. Mit dem gußeisernen Denkmal für Prinzessin Juliane von Hessen, die 50 Jahre lang – von 1810 bis 1860 – diesem adeligen Damenstift als Äbtissin vorstand. Mit einem Teich. Mit einer Klostermauer, geöffnet an zwei Eingängen.

Im Klostergelände von Itzehoe

Direkt anschließend die evangelische St. Laurentiuskirche, einst als Stadt- und Klosterkirche kombiniert genutzt. Die geschlossene, sogenannte Äbtissinnenempore erinnert an jene mittelalterlichen Zeiten, in denen Nonnen getrennt von der Gemeinde eine eigene Empore hatten – mit direktem Zugang vom Kloster.

Ursprünglich war das Kloster Itzehoe ein um 1230 gestiftetes Zisterzienser-Nonnenkloster. Im Zuge der Reformation erfolgte um 1540 die Umwandlung in ein adeliges Damenstift.

Tief gesunken

Gemeinde Neuendorf. Auf einer Infotafel* ist zu lesen: *»Auf dem 1.335 ha großen Gemeindegebiet leben ca. 370 Einwohner größtenteils unter dem Meeresspiegel.«*

Ja, wie das denn? Sind die Neuendorfer Bürgerinnen und Bürger, vom Säugling bis zum ältesten Senior, allesamt unter die Dauertaucher gegangen, haben sie es sich unter Wasser irgendwie wohnlich eingerichtet?

So nicht. Trotzdem, die Sache mit dem Leben »unter dem Meeresspiegel« stimmt. Neuendorf ist eine Gemeinde in der Wilstermarsch. Das ist eine Gegend, in der die Landoberfläche in der Tat überwiegend deutlich niedriger liegt als der Meeresspiegel.

Hier bei Neuendorf befindet sich auch die »tiefste Landstelle Deutschlands«, mit 3,54 Meter unter NN. Vom Landesvermessungsamt Schleswig-Holstein amtlich vermessen.

Und so kam es zur tiefen Lage unter Meeresspiegelniveau: Seit Jahrhunderten wurde und wird die Wilstermarsch entwässert, um das platte Marschenland überhaupt kultivierbar und bewohnbar zu machen und zu erhalten. Durch dieses Entwässern ist der im Untergrund vielfach moorige Boden mehr und mehr, tiefer und tiefer gesackt. Nicht um Zentimeter, sondern zum Teil meterweise.

Daher leben die Neuendorfer - und nicht nur die - »größtenteils unter dem Meeresspiegel«. Gäbe es die Deiche nicht, die Wilstermarsch würde selbst bei normalem Meereswasserstand vollaufen. Klartext eines Neuendorfers: *»Hier an der tiefsten Landstelle stände das Wasser dann 3,54 Meter hoch.«*

Der staunende Besucher kann es sich vorstellen: Auf einem Pfahl ist die Höhe markiert.

* In der Schutz- und Infohütte auf dem Parkplatz an der »tiefsten Landstelle Deutschlands«.

Die tiefste Landstelle Deutschlands

Die letzte Schöpfwindmühle

Die Schöpfwindmühle von Honigfleth

Sie ist das Wahrzeichen der Wilstermarsch, die letzte ihrer Art, die intakte Schöpfwindmühle von Honigfleth. 350 dieser Schöpfmühlen waren einst in der Wilstermarsch in Betrieb. Sie förderten das Wasser aus den tieferliegenden Grüppen und Gräben in die höherliegenden, von Dämmen eingefaßten Wettern, wie hier die Sielzüge genannt werden. Die Wettern führten das Wasser in die Wilster-Au, in die Stör und in die Elbe und damit schlußendlich in die Nordsee.

Grüppen, Gräben, Wettern und Schöpfmühlen, ein ausgeklügeltes System zur unabdingbar erforderlichen Entwässerung der Marsch. Statt Schöpfmühlen arbeiten heute elektrisch betriebene Pumpstationen.

Die Schöpfmühle von Honigfleth, Baujahr um 1850, hatte eine Förderleistung von 35 Liter pro Sekunde. Entwässert wurde ein Gebiet von 40 Hektar. Ihre Funktion wird so beschrieben: Die Mühle treibt eine Wasserschnecke an, mit der das Grabenwasser in die bis zu drei Meter höher gelegene Wetter »gemahlen« wird. Die Mühle steht auf einem festen Gestell. Der obere Teil sitzt auf einem Gleitring, über den die Mühle in den Wind gedreht wird.

Renaissance-Rathaus – das zweite

Da haben doch die Bürger von Krempe, drüben auf der anderen Störseite in der Krempermarsch, sich ein nobles Rathaus gebaut. 1570 ward es vollendet.
Das konnten die Leute von Wilster, diesseits der Stör in der Wilstermarsch, offenbar »nicht auf sich sitzen lassen«. Also schritten sie zur Tat, bauten sich ebenfalls ein schönes, reichgeschmücktes, neues Rathaus. Nach geschnitzter Jahreszahl im Schwellbalken des Obergeschosses anno 1585 errichtet.

Details am historischen Rathaus zu Wilster

Beide Rathäuser haben - renoviert und restauriert - die Zeitläufe überstanden. So kommt es, daß diesseits und jenseits der Stör, nur rund 16 Kilometer Luftlinie auseinander, im Kreis Steinburg die beiden wohl schönsten Renaissance-Rathäuser Schleswig-Holsteins stehen. Jenes in Wilster wird heute unter dem Namen »Altes Rathaus« als Museum und Bibliothek genutzt.

Fortuna auf der Kugel

Göttinnen treten bevorzugt hüllenlos auf. So »turnt« die mit Nichts bekleidete Fortuna, die Glücksgöttin, als metallene Spitze auf der Glückstädter Stadtkirche. Die Pastoren sind aber ob dieser nackten Dame als Kirchturmzier durchaus entschuldigt. Die Historie der vom dänischen König Chrisitan IV. gegründeten Stadt gibt die Aufklärung: Oldekop schreibt:*

»Was nun die Inangriffnahme der Bauarbeiten der neuen Stadt betrifft, so konnte damit im Jahre 1616 begonnen werden; am 22. März 1617 erhielt die Stadt ihren Gründungsbrief, durch welchen der König Namen und Wappen erteilte. Letzteres zeigt eine nackte Fortuna, die ein vom Winde geblähtes Segel über ihrem Haupte hält und mit einem Fuß auf einer von Wellen getragenen Kugel steht.«

Fortuna auf der Kugel und ein Giebel des Glückstädter Rathauses

Auch am Glückstädter Rathaus ist Fortuna auf der Kugel zu bewundern. Apropos Rathaus. Das erinnert mit seiner schicken Schaufassade im Stil niederländischer Renaissance an die Börse in

Kopenhagen. Diese Straßenfront ihres Rathauses aus dänischer Zeit - ursprünglich erbaut 1642 - hat den Glückstädtern über alle Maßen gut gefallen. Als man nach Abbruch des baufällig gewordenen alten Rathauses 1873 einen Neubau errichtete, wurde die ursprüngliche Fassade nachgebildet.

Glückstadts historischer Stadtkern steht in seiner Gesamtheit unter Denkmalschutz. Ein Rundgang gerät zur Entdeckungsreise auf den Spuren Christian IV. Und der Zeiten danach. Zitat aus einem Infoblatt: *»Große Kremper Straße: war einst die Triumphstraße. Durch die Straße sind neun Generationen dänischer Könige als Landesherren nach Glückstadt eingezogen.«*

Die Straße »Am Hafen«, direkt hinter dem grünen Deich: unbedingt besuchen. Die Reihe der meist zweistöckigen Backsteintraufenhäuser ist eine weitere Zierde des Stadtdenkmals Glückstadt. Um Irrtümer zu vermeiden: Stadtdenkmal ja - Museum nein. Will sagen, in diesem »Kleinod an der Unterelbe« herrscht, trotz einer angenehmen Beschaulichkeit, sehr vitales Leben. Auch wenn es mit der vom Stadtgründer Christian IV. beabsichtigten Konkurrenz zu Hamburg nie geklappt hat.

* In »Topographie des Herzogtums Holstein«, 2. Band. 1908 im Verlag Lipsius & Tischer, Kiel

Die Straße »Am Hafen«

Die älteste Drehbrücke

Sie verbindet, über die Pinnau hinweg, die Seestermüher Marsch mit der Haseldorfer Marsch – die Drehbrücke bei Neuendeich auf dieser und Klevendeich auf jener Seite. Mehr als 110 Jahre ist sie alt, die älteste ihrer Art in Schleswig-Holstein. Sie steht unter Denkmalschutz. Alt ja, »gebrechlich« nein. Über diese Drehbrücke geht der Straßenverkehr wie eh und je. Statt Pferdegespanne früher, Kraftfahrzeuge heute. Statt Reiter einst, nun Radfahrer. Fußgänger damals wie jetzt.

Handrad, falls die Automatik mal streikt

Ja, ja, unsere Altvorderen wußten dauerhaft zu bauen. In gewissen Zeitabständen wird amtlich nachgemessen, ob noch alles in Ordnung ist, sich nicht »irgendwas« verschoben hat. Zwei Prüfer versicherten dem Autor im April 2003: »Alles im Lot.«

Und außerdem hat diese Verbindung von Marsch zu Marsch den besonderen Charme alter Brücken.

Entwässern

Gräben, Bäche, Sielzüge, kleine Flüsse gehören zur Marsch, sind unabdingbar. Sie entwässern das tiefliegende Land. Sperrsiele und Schleusen sorgen für das richtige Maß. Entwässern ja, aber nicht trockenfallen. An den Sielen und Schleusen kann der Wasserstand reguliert werden - nach Bedarf.

Drehbrücke über die Pinnau

Geöffnet wird die Drehbrücke für die (Sport) Schiffahrt auf der Pinnau heute vom Wärterhäuschen aus per Knopfdruck »automatisch«. Das große Handrad dient, erzählte ein Neuendeicher Brückennachbar, dem Notfall. Falls die Automatik versagen sollte. Ob das denn vorkommt? Die Antwort: »Mir ist kein einziger Fall bekannt.«

Sie regulieren die Entwässerung

Landschaft im Kreis Steinburg

DIES UND DAS UND GENERELLES

Morgenstunde

Wer früh aufsteht... Leichter Morgennebel liegt über dem Land, filtert das Licht der Sonne mit ihrem ersten Schein über dem Horizont im Osten. Zarte Pastellfarben vom lichten, fahlen Gelb über Rosa und Rot bis zu einem Hauch von Violett. Schemenhaft sind in der Ferne einzelne Bäume im Dunst erkennbar. Der Wind schläft. Es ist so still.

Land der Rosen

Gäste stellen es immer wieder überrascht fest: Schleswig-Holstein ist auch das Land der Rosen. Im Juni und Juli - dann vor allem - blüht die Königin der Blumen überall. Auch und gerade in den Städten. So sind zum Beispiel Kappeln und Eckernförde, Mölln und Friedrichstadt und vor allem Eutin und Uetersen wahre »Rosenstädte«.

Rosenfeld der Rosenschule W. Kordes' Söhne (oben)

Im Rosarium in Uetersen, diesem einzigartigen Rosenschaugarten im wunderschönen parkartigen Gelände, blühen und duften mehr als 900 verschiedene Rosensorten. Überhaupt ist der Kreis Pinneberg die Region vieler Rosenbetriebe. Mit Weltfirmen wie W. Kordes' Söhne in Sparrieshoop und Rosen Tantau in Uetersen. Deren Rosenfelder sind größer als anderswo Getreidefelder. Und zur Blütezeit eine Pracht.

Unter dem Reetdach

Alte Kate unter dem Reetdach – das wirkt idyllisch, anheimelnd, romantisch. Ehrlicherweise sei erinnert: Das Leben in Tagelöhnerkaten war für unsere Altvorderen weder idyllisch noch romantisch, sondern ärmlich, einfach, hart. Auch wenn das schlichte Häuschen natürlich reetgedeckt war. Reet war früher in diesem Land der ausgedehnten Niederungsflächen, der Seen, der Gräben und der Sielzüge das »normale« Bedachungsmaterial. Weil es zumeist in der Nähe zur Verfügung stand,

Reet in allen Variationen:
Als Rohmaterial, bei der Verarbeitung (rechts)
und als Deckung des hölzernen Glockenturms
des St. Johannis-Armenstifts in Vogelsang-Grünholz

in Frostperioden gewissermaßen »vor der Haustür« geerntet werden konnte. Weil es am preisgünstigsten war. Harte Bedachung, also Ziegel, konnten sich nur die Wohlhabenderen leisten. Nicht nur Katen wurden früher »weich« gedeckt, sondern – zumal draußen im Land – fast alle Bauten: Wohnhäuser, Ställe, Schuppen, bäuerliche Wirtschaftsgebäude und die riesigen Dachflächen der großen Gutsscheunen, Windmühlen, auch manche Kirchen.

Heute sind Reetdächer mit ihren ausgewogenen, gerundeten Formen und Linien eher die Ausnahme. Sie haben inzwischen ihren erheblichen Preis. Und doch sind in vielen Dörfern und auf Gutshöfen noch Reetdachgebäude zu bewundern. Fast scheint es, als ob hier und da eine »Rückbesinnung« auf Reet stattfindet. Manches reetgeckte neue Haus, manches wieder in Reet eingedeckte Alt-Gebäude zeugen davon. Überall im Land.

Nun blühen sie wieder

Vor ein paar Jahren hatten Schleswig-Holsteins Landwirte es fast geschafft, auch der letzten Wildblume auf ihren Äckern den Garaus zu machen. Da »verirrte« sich keine rote, blaue oder gelbe Blüte eines - wie man sagte - Unkrauts zwischen die Weizen- und Roggenhalme. Auf reinste Saatauswahl wurde geachtet und ansonsten mit Chemie nachgeholfen.

Kein Vorwurf an die Bauern: Das (Un-)Verständnis der Zeit war so - ganz allgemein.

Dann begann, langsam aber stetig, ein neues Nach- und Umdenken. Vielleicht haben ja auch Wildkräuter im Kreislauf der Natur ihren positiven Beitrag zu leisten. Etwa den, Nützlingen unter den Tieren als Heimstatt und zur Nahrung zu dienen. Die extrem reinen, großflächigen Monokulturen hatten sich nämlich als besonders anfällig für Schädlinge erwiesen. Die Natur, aus dem Gleichgewicht gebracht, konnte damit allein immer weniger fertig werden. Und noch mehr Chemie auf die Felder und damit in die Gewässer, in die Nahrungsmittelkette? Nein danke!

Immer mehr Bauern lassen daher am Feldrain und selbst in den Kulturen den Wildblumen wieder Lebensraum, verzichten auf den Einsatz von Breitbandherbiziden. Und aus »Unkraut« wurde »Beikraut«.

So blühen sie also wie früher: der rote Mohn, die blaue Kornblume und die vielen anderen. Wildblumen sind zu Sympathieträgern für die Landwirtschaft geworden.

Fünf Eichen

Fünf für sich allein stehende Eichen sind kein Wald. Mögen sie auch noch so groß und prächtig sein. Und deshalb rechnen sie bei der Flächennutzungs-Statistik in der Rubrik Wald auch nicht mit. Keine Chance, damit den 9,3 %-Waldflächenanteil des Landes nach oben zu korrigieren – statistisch gesehen. Andererseits, fünf große Eichen sind wesentlich mehr als ein Nichts! Unübersehbar, landschaftsschmückend stehen sie da, am Rande einer Dauerweide, direkt am Feldweg.

Es wachsen in der Landschaft viele derartige kleine Baumgruppen und mächtige Einzelbäume, oft auch als »Überhälter« in den Knicks.

Merke: In Schleswig-Holstein gibt es viel mehr Bäume, als die amtliche Wald-Statistik berichtet.

Badewetter

Zugegeben, eine auf den Tag genau fixierte Sommer-Schönwettergarantie wird niemand abgeben. Aber der »richtige« Sommer mit schweißtreibender Hitze kommt eigentlich in jedem Jahr. Und wenn es dann da ist, das Super-Sommer-Wetter, reduzieren sich Arbeit und Haushalt, Schularbeiten und andere Verpflichtungen auf das allernötigste Maß. Dann ist Strand angesagt. Italien hin, Spanien her: Was ist dann das Mittelmeer gegen Ost- und Nordsee?

Aus den sonst (angeblich) so zurückhaltenden Schleswig-Holsteinern werden im Handumdrehen die fröhlichsten Strandcliquen, die ausdauerndsten Sonnenanbeter, die kühnsten Schwimmer und die süßesten Badenixen.
Die vielen Urlauber sind ohnehin schon da – versteht sich.

Fischerei

Auf den Brücken und auf dem Kai stapeln sich Fischkisten, Netze, Schwimmer, Bojen, Farbtöpfe, Leinen, Scheerbretter, Hälterkästen und ein paar Dutzend andere Ausrüstungsgegenstände der Fischerei. An Bord der Kutter wird aufklariert, werden Netze wieder klargemacht, Kühleis und Proviant übernommen, wird mit Pinsel und Farbe hantiert. An den Befestigungsstangen der Stellnetzfischer flattern rote Flaggen im Wind. Dort ist ein Kutter gerade eingelaufen, hat festgemacht. Kunden warten schon am Pier, kaufen fangfrischen Dorsch und Butt direkt von Bord.
Das ist tägliches, farbenprächtiges Leben in den Fischereihäfen an Nord- und Ostseeküste. Ein Tip: Je kleiner der Hafen, desto ursprünglicher zumeist die Atmosphäre.

In ordentlichem Amtsdeutsch heißt der Beruf des Kutterfischers übrigens »Fischwirt, Schwerpunkt Kleine Hochsee- und Küstenfischerei«. Das ist ein dreijähriger Ausbildungsberuf mit Lehre an Bord und Berufsschule an Land.
Was eigentlich ein Fischkutter ist? Den definiert man ungefähr so: »Mit stationärem Motor angetriebenes, gedecktes Fischereifahrzeug aus Holz, Stahl oder glasfaserverstärktem Kunststoff. Meist bis 18 Meter (selten bis 34 Meter) lang. Durchschnittliche Maschinenleistung 200 PS. In der Regel 1–4 Besatzungsmitglieder.«
Fischerboote dagegen sind offen oder halboffen, etwa 4 bis 7 Meter lang, mit Einbaudiesel oder auch Außenborder. Mit diesen Fahrzeugen wird nur im unmittelbaren Küstenbereich gefischt.

Fischerei in Zahlen*

In der Fischerei der Ost- und Westküste waren - Stand 31. Dezember 2003 - 653 Berufsfischer und 745 Nebenerwerbsfischer tätig. Sie fuhren mit 296 Fischkuttern und 564 Fischerbooten auf Fang.

*Angaben nach »Statistisches Jahrbuch Schleswig-Holstein 2004«

Aber so genau muß der Hafenbesucher das gar nicht wissen. Auch die Unterschiede zwischen Stellnetz-, Schleppnetz-, Zugnetz-, Hamen- und Langleinenfischerei müssen nur die Profis kennen.

Wer es denn doch genauer erfahren will, fährt am besten einmal mit raus. An manchen Orten gibt es dafür Möglichkeiten. Das Touristenbüro, die Fischereigenossenschaft am Ort oder auch der Hafenmeister geben dazu näher Bescheid.

Draußen auf See wird dann klar: Der romantische Fischerhafen, das ist die hübsche Kulisse; die harte Arbeit der Fischer aber findet viele Seemeilen davon entfernt ohne Zuschauer statt.

Der vermahlene Wind

Schleswig-Holstein, das Land zwischen zwei Meeren, wird vom Wind zumeist gut durchweht. Das sorgt für angenehme, frische Luft. Wind läßt sich nutzen, wußten schon die Altvorderen und errichteten Windmühlen, mehr als in anderen deutschen Regionen. Heute sind erhalten gebliebene Windmühlen der alten Art romantisch anmutende, landschaftsschmückende Relikte einer vergangenen Zeit. Moderne Windmühlen, präzise: Windkraftanlagen, vermahlen nicht Korn zu Mehl. Sie produzieren elektrischen Strom. Und weil - siehe oben - es überwiegend ausreichend weht, wurden sehr viele Windräder aufgestellt. Gut so, sagen die Förderer und Windkraftbetreiber. Das sei schließlich die sauberste Energie überhaupt. Außerdem würde die Abhängigkeit von anderen Energieträgern wie Öl und Kohle verringert. Gar nicht gut, kontern die Kritiker. Sie beklagen eine „Verspargelung", eine Beeinträchtigung des schönen, ausgewogenen schleswig-holsteinischen Landschaftsbildes. Im Tourismusland Schleswig-Holstein sei das zu bedauern. Und die Kritiker verweisen darauf, auch hier gäbe es windarme Zeiten, in denen die Windräder stillstehen. Und da elektrischer Strom in größeren Mengen nicht speicherbar sei, müßten andere Stromerzeugungskapazitäten dafür in Reserve bereit stehen.
Merke: Jede Medaille hat zwei Seiten. Jene der Windenergie unserer Tage auch.

Windkraftanlagen gehören mittlerweile zum Landschaftsbild

Farbenpracht

Der »indian summer« in den us-amerikanischen Neuengland-Staaten ist berühmt. Wegen der grandiosen Herbstfärbung der Wälder.

»Da können wir mithalten«, sagen die Schleswig-Holsteiner. Und zeigen auf die Oktober-Blätterfarben von Busch und Strauch und Baum in Knicks und am Wegesrand. Von der tiefstehenden Herbstsonne beschienen, leuchtet es in allen Rot-, Gelb- und Brauntönen. Wahrlich eine Pracht.

Nord-Ostsee-Kanal

Schiff im Nord-Ostsee-Kanal

Er führt quer durch's Land. Von Brunsbüttel an der Elbe bis Kiel-Holtenau an der Kieler Förde. Oder umgekehrt. Seine Länge: 98,6 Kilometer. Im Kaiserreich hieß er Kaiser-Wilhelm-Kanal, heute Nord-Ostsee-Kanal, in internationalen Seefahrtskreisen Kiel Canal. Für den Seeverkehr erspart er den Umweg um Skagen. Wegverkürzung: 250 Seemeilen, das sind 463 Kilometer.

Der Kanal wurde 1887–1895 erbaut, 1907–1914 wesentlich erweitert. Umfangreiche Sicherungs- und Modernisierungsarbeiten, auch durch Verbreiterung des Kanalbettes auf 162 Meter Breite des Wasserspiegels, werden seit 1965 durchgeführt. Die Wassertiefe beträgt 11 Meter. Zugelassen zur Kanalpassage sind Schiffe bis 235 Meter Länge und 32,5 Meter Breite. Es können also »ausgewachsene« Ozeanriesen passieren. Die erlaubte Schiffshöhe beträgt 40 Meter. Höhere Aufbauten würden mit den 10 Kanalbrücken kollidieren, deren lichte Durchfahrtshöhe jeweils 42 Meter beträgt. Die »Neuen Schleusen« in Brunsbüttel und Holtenau haben eine Nutzlänge von 310 Meter, eine Nutzbreite von 42 Meter. Die Schleusungszeit beträgt im Durchschnitt 45 Minuten.

Unter Berücksichtigung von Länge, Breite, Tiefgang und Gefährlichkeit der Ladung werden alle Schiffe im Kanal von den beiden Verkehrszentralen in Brunsbüttel und in Kiel-Holtenau in sechs Verkehrsgruppen eingeteilt. Verkehrsgruppe 6 zum Beispiel erfaßt die größten zugelassenen Schiffe. Schiffe, deren addierte Verkehrszahlen die Summe 6 überschreiten, dürfen sich nur in Ausweichstellen, den sogenannten Weichen, begegnen. Für Überholungen gilt entsprechend die Summe 5. Die Verkehrslenkung erfolgt über

Kanalbegleitweg - frei für Fußgänger und Radfahrer

Lichtsignale in den Weichen. Aber selbstredend besteht auch Sprechverbindung Verkehrszentrale/ Schiff. Über den Revierfunk erhalten die Schiffe halbstündlich einen Verkehrslagebericht, sowohl von der Verkehrszentrale Brunsbüttel, als auch - um fünf Minuten zeitversetzt - von der Verkehrszentrale Holtenau.

Schiffe mit einem Tiefgang ab 3,1 Meter und Schiffe ab Verkehrsgruppe 2 sind lotsenpflichtig, das heißt, sie müssen für die Kanalpassage einen Kanallotsen an Bord haben. Schiffe breiter als 14 Meter müssen zusätzlich einen Kanalsteuerer annehmen.

Der Kanal ist Tag und Nacht befahrbar. Für Sportboote ist allerdings nur die Tagfahrzeit erlaubt.

Eine Kanalfahrt dauert je nach Verkehrsdichte und Schiffsgröße 6,5 bis 8,5 Stunden.

Der Nord-Ostsee-Kanal ist die meistbefahrene künstliche Seewasserstraße der Welt. Ohne Berücksichtigung von Sport- und sonstigen Kleinfahrzeugen befahren ihn durchschnittlich etwa 100 Schiffe pro Tag.

Von den Uferbegleitwegen - für Fußgänger und Radfahrer zugelassen(!) - ist der internationale Schiffsverkehr (fast) zum Greifen nahe zu besichtigen. Alles kommt vorbei, was in der christlichen (und weniger christlichen) Seefahrt die Weltmeere kreuzt. Vom strahlend-weißen Kreuzfahrtschiff bis zur »Rostlaube«, vom »Riesenpott« bis zum kleinen, diesel-tuckernden Kümo, vom modernsten Groß-Katamaran bis zum gemütlichen Kutter-Oldtimer.

Schiffe aus allen Heimathäfen, unter allen Flaggen dieser Welt.

Die »verschobene« Steinzeit

Auch unsere Wissenschaftler lernen dazu. Richtiger formuliert: Sie gewinnen - dank Forscherdrang - neue Erkenntnisse. Zum Beispiel die Archäologen. Die haben - wie Prof. Dr. Joachim Reichstein vom Archäologischen Landesamt dem Autor mitteilte* - vor 10 bis 15 Jahren festgestellt, daß die jüngere Steinzeit älter ist. Älter als zuvor angenommen. Und zwar um runde 1000 Jahre. Dendrochronologische Analysen zeigten entsprechende Ergebnisse.

Das hat Auswirkungen. Hatte man bisher das Entstehen mancher jungsteinzeitlicher Großsteingräber auf die Zeit um 2500 v. Chr. angenommen, muß nunmehr rückdatiert werden. Die Grabstätten sind um 1000 Jahre gealtert. Und statt 4500 jetzt 5500 Jahre alt.

Großsteingrab »Dellbrücker Kammer« in der Gemeinde Bargenstedt (Dithmarschen)

An vielen der ganz oder teilweise erhaltenen vorgeschichtlichen Grabstätten im Lande - Megalithgräber, Dolmen, Langbetten, Ganggräber, Hügelgräber - stehen dankenswerterweise Informationstafeln des Archäologischen Landesamtes. Die neuen oder ausgewechselten Schrifttafeln mit neuer, richtiger Jungsteinzeitdatierung. Prof. Dr. Reichstein: »*Aus Kostengründen können wir aber nicht alle älteren und aus neuerer Sicht ›falschen‹ Angaben auf den Schildern revidieren.*«*

Liebe Landesregierung: Wie wäre es mit einem entsprechenden (doch gar nicht so großen) finanziellen »Nachschlag«, damit das Archäologische Landesamt auch die alten Tafeln auswechseln kann? Sonst stehen jungsteinzeitkundige Urlauber aus Wanne-Eickel, Regensburg oder Leipzig vor unseren schleswig-holsteinischen Megalithgräbern und wundern sich über falsche Datierung. 1000 Jahre mehr oder weniger, jünger oder älter - das ist schließlich nicht einerlei.

Bleibt nachzutragen: Dank neuerer Leichenbrandanalysen konnten die Archäologen auch die mittlere Lebenserwartung der Jungsteinzeit-Menschen neu bestimmen. Sie betrug 27 Jahre.* Da mußten die Leute der Jungsteinzeit stets beizeiten für Nachwuchs sorgen. Sie wären sonst ausgestorben. Und die Menschheit gleich mit.

* Schreiben Prof. Dr. Joachim Reichstein, Archäologisches Landesamt, vom 19. März 2001. (Autor und Verlag danken Herrn Prof. Reichstein für vielfache Informationen und stets gewährte Unterstützung)

Winterliches

Auch mit Wohlwollen kann Schleswig-Holstein nicht zum typischen Winterreiseland erklärt werden. Zum Wintersportgebiet schon gar nicht. Es sei denn, winterliches Strandwandern würde zur Sportart deklariert. Sinn würde es machen: Wanderungen an der Küste zur Winterzeit sind ganz sicher empfehlenswerter als großstädtisches Pflasterjogging. Mediziner und andere Sachverständige lobpreisen denn auch den hohen Gesundheitswert des Winterurlaubs und der Winterkur an der See.

Die Botschaft wird gehört. Die Zahl der Winterurlauber an Nord- und Ostsee und auch »im Land« steigt. Und siehe da, die Leute sind's zufrieden. »Erholung rundum« verspüren die meisten. »So ist es«, bestätigen jene, die es wissenschaftlich untersuchen.

Bleibt anzumerken: Schleswig-Holsteinische Winter werden in unterschiedlicher Form geliefert. In einem Jahr durchgehend atlantikmild, im nächsten Jahr mit Dauerfrost oder Schnee in Mengen. Meistens jedoch gemischt – abwechselnd mit frostfreien und frostigen Tagen. Zu »richtigen« Winterspaziergängen und stimmungsvollen Winterlandschafts-Fotos reicht es (fast) immer.

Die Eider

Die Eider. Mit 180 Kilometern ist sie des Landes längster Fluß. Mit Quellbeginn südlich des Bothkamper Sees. Im breiten Delta - die Landschaften Eiderstedt und Dithmarschen trennend - mündet sie hinter Tönning in die Nordsee. Anfangs klein und fein, windet sich der Fluß durch's Land, zwängt sich durch schmale Erosionstäler, durchfließt mehrere Seen. Weil Höhenzüge den Weg versperren, wechselt die Eider gelegentlich die Richtung: südwärts, westwärts, nordwärts. Kurz vor Kiel hätte sie fast die Ostsee erreicht. Aber wieder war (und ist) eine Moräne aus Eiszeittagen - der Hornheimer Riegel - im Wege. Also erneut mit neuem Kurs in scharfer Biegung nach Westen.
Hier und da scheint die Eider auf längeren Abschnitten geradezu »verschwunden«. Aufgegangen in Kanalbetten: im Alten Eiderkanal früher, im Nord-Ostsee-Kanal heute. Aber so ein Fluß

Sielzufluß in die Eider in Dithmarschen

ist zäh, die Eider hat sich immer wieder durchgesetzt, fließt ab Rendsburg - breiter und breiter werdend - der Nordsee zu.
Die Eider zu Wasser oder an Land zu begleiten lohnt. Fluß und Uferregionen »beschenken« den Eiderwanderer mit allerschönsten Landschaftsbildern.

Eiderwasser

»Das Eiderwaser äussert als Trinkwasser bei Ungewohnten medicinalische Wirkungen. Von den Fischen des Flusses sind die Lachse zu bemerken.«

(Aus: *»Topographie des Herzogthums Holstein, des Fürstenthums Lübeck...« von Joh. Friedr. Aug. Dörfer, Diaconus der Fleckenskirche in Preetz. Vierte Auflage. 1824)*

Die Eider bei Breiholz
Unten: Eidermotiv

Windmühlen

Sie heißen »Anna«, »Charlotte«, »Auguste«, »Hoffnung« oder auch »Jachen Flünck«. Windmühlen, diese stolzen Zeugen einer vergangenen Zeit. Erhalten, restauriert, renoviert, sind sie heute geradezu Inbegriff von Romantik und Nostalgie. Allerdings, romantisch war die Arbeit der Windmüller ganz und gar nicht. Sondern in den engen Mühlenräumen mit schmalen Stiegen und offenen Luken, bei freiliegenden, sich drehenden Wellen und Rädern, oft eingehüllt in Korn- und Mehlstaub, knochenhart, ungesund, auch gefährlich.

Vor Zeiten war das stets gut durchwehte Schleswig-Holstein mit Windmühlen dicht besetzt. Mit der Erfindung neuer Antriebskräfte – Dampfmaschinen, Dieselmotor, Elektromotor – und dem Einsatz des Walzenstuhles anstelle von Mahlsteinen, entwickelte sich die Mühlenindustrie. Bereits um 1900 begann dadurch das »Mühlensterben«. Eine Windmühle nach der anderen wurde stillgelegt und abgebrochen oder entwickelte sich, der Flügel beraubt, zum Torso. Gerade noch rechtzeitig begann – etwa ab 1970 – ein Umdenken. Windmühlen, so erkannte man, sind historische Kulturdenkmäler ersten Ranges. Eine Windmühle ist ein allseits bewundertes, wunderschönes Bauwerk, das jedem Ort zur Zierde gereicht. Ein touristisches Kapital außerdem. So wurden denn doch noch Dutzende von Windmühlen gerettet und wieder hergerichtet. In allen Landesteilen. In der Landschaft Angeln und in Dithmarschen besonders viele.

Windmühle in Rieseby-Norby (rechts) und in Bobek, Angeln (unten)

DIE MITTE

... ist der sehr unterschiedlich breite Mittelstreifen des Landes, der sich von der Linie Bad Segeberg – Bad Bramstedt im Süden bis zum deutsch-dänischen Grenze im Norden erstreckt. Die »Geest«, das ärmere, sandige Land bestimmt zumeist das Landschaftsbild. Aber es gibt auch Niederungen, wie die Treenemarsch, das Königs- und das Tetenhusener Moor. Waldgebiete dominieren im Naturpark Aukrug und in der Region zwischen Neumünster und Wahlstedt mit den Staatsforsten.
Städte in der Mitte sind zum Beispiel Schleswig, Friedrichstadt, Rendsburg, Büdelsdorf, Nortorf, Neumünster, Bad Segeberg, Wahlstedt und Bad Bramstedt.

Segeberger Kalkberg

Massiver, gewachsener, hochaufragender und weithin sichtbarer Fels steht in Schleswig-Holstein nicht an. Mit zwei Ausnahmen: Helgoland, der rote Felsen inmitten der Nordsee und der Segeberger Kalkberg, der berühmte, allseits bekannte.

91 Meter über NN wuchtet sich der bizarre, steile Segeberger Felszacken aus dem umgebenden Flachland. Ursprünglich war der Kalkberg mit 110 Meter deutlich höher. Und auch breiter. Auf seinem Gipfel hatte sogar die stolze »Siegesburg« Platz, die Kaiser Lothar dort anno 1135 zum Schutz gegen die Wenden hatte errichten lassen. Die Schweden zerstörten 1644 die »Siegesburg« endgültig.

Am Segeberger Kalkberg

Der Name Kalkberg zielt an der geologisch-chemischen Wahrheit ein wenig vorbei. Der Kern besteht aus Anhydrit ($CaSO_4$), der außen durch Wasser zu Gips umgewandelt wird.

Dieser Gips war begehrt. Zu Bauzwecken. Eine Infotafel berichtet: *»Schon vor 1000 Jahren wurde das Gestein als Mörtelzusatz und Stuckgips genutzt. Segeberger Gips läßt sich in vielen alten Kirchen, Herrenhäusern und Schlössern nachweisen (auch in Bad Segeberg: Marienkirche).«* Der anhaltende Abbau gefährdete sogar die Existenz des Berges, des ältesten Naturdenkmals des Landes aus der sogenannten Zechsteinformation, etwa 250 Millionen Jahre alt. Im März 1913 klagte ein Journalist: *»Leider ist schon mehr als die Hälfte des Berges abgebaut worden. Noch 30–*

40 Jahre, dann ist auch dieser Zeuge einer sehr fernen Vergangenheit verschwunden.«
Soweit ist es dann doch nicht gekommen. Gerade noch rechtzeitig wurde der Abbau gestoppt. Den ehemaligen Steinbruch, tief in den Berg eingeschnitten, bauten die Segeberger zu einem imponierenden Freilichttheater mit großartiger Naturkulisse aus. Seit 1952 reiten dort ab Mitte Juni bis Ende August alljährlich Old Shatterhand, Winnetou, Old Surehand und ihre Freunde und Gegner. Die Segeberger Karl-May-Festspiele, ein farbenprächtiges, aktionsgeladenes Getümmel, sind längst Kult.

Gleich kommt Winnetou...
Karl Mays Indianerwelt gehört zum Kalkberg

Besuchermagnet sind außerdem die 1913 von einem Schuljungen entdeckten Kalkberg-Höhlen. Mit 2260 Meter Gesamtlänge die längste, bekannteste Gipshöhle Deutschlands und eine der längsten Höhlen in Europa. Das durch Auslaugung entstandene System von Gängen, Hallen und Grotten wird bewohnt von über 100 verschiedenen Fledermausarten. Und dem weltweit nur hier anzutreffenden 5 Millimeter kleinen Käfer »Cholera Holsatica«, dem Segeberger Höhlenkäfer. Für Besucher geöffnet sind die Höhlen jeweils von April bis Ende September. Der seit dem Erdaltertum stattfindende Durchbruch des Kalkberges aus dem Untergrund ist nicht beendet. Text auf einer Infotafel: *»Der Berg wächst heute noch.«*

Der Roland von Bad Bramstedt

Der Bad Bramstedter Roland

Ehrlich gestanden: Der Roland auf dem Marktplatz von Bad Bramstedt blickt ein wenig traurig in die Runde. Wie ein altrömischer Krieger nach just verlorener Schlacht, auch wenn er das (Marktrichter-)Schwert am waagerecht ausgestreckten Arm resolut nach oben hält.

Dabei hätte er doch allen Grund, froh und stolz zu schauen. Schließlich ist »sein« Bad Bramstedt eine ansehnliche Kleinstadt, seit langem als Kurort bekannt und beliebt. Außerdem soll er der nördlichste Roland Deutschlands sein. Auf eine lange und ruhmreiche Vergangenheit blickt er auch zurück.

Vom Jahre 1533 an sind Bramstedter Rolande, anfangs hölzerne, nachgewiesen. Seit 1693 steht der steinerne Roland hier, aus Oberkirchner Sandstein gefertigt und gelegentlich - so in den Jahren 1748, 1827, 1895 und 1965 - renoviert.

Im Zeichen des Rolands wurde bedeutender Markt gehalten, wurden Verträge bekräftigt und Streitigkeiten geschlichtet. Selbst Kaufleute aus Brabant pflegten hier Handel zu treiben. Vor allem aber Viehhändler gingen ihren Geschäften nach. Der berühmte, historische Ochsenweg von Jütland führte durch Bad Bramstedt. Auf einer Tafel am Fuße des Rolands ist denn auch nachzulesen: *»Symbol der Handelsgerechtsame im Ochsenhandel.«*

Wo Wiebke Wäsche wäscht

Mitten in Bad Bramstedt steht Wiebke Kruse, die Bauerntochter aus dem Nachbarort Föhrden-Barl, am Fluß und wäscht Wäsche. Gerade wringt sie, am Waschzuber leicht vornüber gebeugt, ein Wäschestück aus. Wiebke ist jung und hübsch. Zwei lustig flatternde Zöpfe schauen aus dem Kopftuch heraus. Das schlichte Kleid steht ihr gut, der ziemlich freizügige Ausschnitt erst recht.

Schade nur, die Bad Bramstedter Wiebke Kruse von heute ist aus Bronze - Erinnerung an die »richtige« Wiebke.

Die hat hier tatsächlich Wäsche gewaschen. Damals, als der dänische König Christian IV., zugleich Statthalter der Herzogtümer Schleswig und Holstein, das »Sagen« hatte und in dieser Gegend häufig unterwegs war.

Eines Tages entdeckte er die junge Wäscherin am Fluß. Christian, der schönen Weiblichkeit sehr zugetan, lud Bauer Kruses Tochter ein, ihn doch zu besuchen. Wiebke sagte ja. Einerseits, weil Christian IV. ein stattlicher Mann war, andererseits, weil man Königen solche netten Wünsche nicht gut abschlagen konnte.

Kurzum: Wiebke wurde eine Geliebte des Königs. Eine, nicht die einzige.

Wiebke Kruse - Wäscherin und Geliebte des Königs

Neben der Frau Königin Anna Katharina, aus dem kurfürstlichen Hause Brandenburg, gab es

vor allem die bekannte Dauergeliebte Christine Munk, königlich geadelt zur Gräfin von Schleswig-Holstein. Diese Christine hat Christian nach dem Tod der Königin anno 1615 morganatisch geheiratet. Da waren außerdem noch die Geliebten Kristine Madsdatter und Karen Andersdatter. Nicht gezählt eine ziemliche Reihe anderer.
Mit allen genannten Damen hatte Christian IV. auch Kinder. Mit der ersten (richtigen) Königin sechs, mit Christine Munk deren zehn, mit Fräulein Andersdatter und Fräulein Mansdatter mindestens je einen Sohn. Und mit Wiebke aus Föhrden-Barl Sohn Ulrik Christian und Tochter Elisabeth Sophie.
Die beiden hießen, wie alle unehelichen dänischen Königskinder im 17. und 18. Jahrhundert, mit Nachnamen »Gyldenlove«, auf deutsch: »Goldlöwe«.
Für ein wenig Immobilienbesitz seiner schleswig-holsteinischen Geliebten sorgte Christian IV. auch. In Bramstedt kaufte er ihr das Gut Bramstedt nebst jetzt nicht mehr vorhandenem Schloß. In Glückstadt – einer Stadtgründung des Königs – schenkte er seiner Wiebke sein erstes dortiges Wohnhaus. Der »Wiebke-Kruse-Turm« dieses Gebäudes hat die Jahrhunderte überlebt und gehört heute zu den Sehenswürdigkeiten der Kleinstadt an der Elbe.
Man stellt eben immer wieder fest: Schleswig-holsteinische und dänische Geschichte ist miteinander verwoben – und sei es durch königliche Verhältnisse.

Bad Bramstedt 1907

Wiebkes Antlitz

Neumünster: Bauten von gestern und von heute

»Bramstedt, Sol- und Moorbad, ist ein schleswig-holsteinischer Flecken von 2300 Einwohnern; es liegt an anmutigem Hügellande in der Nähe schöner Wälder und ist reich an Wiesen und schnellfließenden Bächen. Kurmittel: Die Salzquelle wird zu Bädern benutzt. (...) Unterkunft ist reichlich vorhanden. Preise pro Tag auf dem Solbad 4 Mark, im Orte 3 Mark (...) Auskunft durch die Bürgermeisterei.«

(Aus: *»Illustrierte Führer durch Bäder, Heilanstalten und Sommerfrischen«, Ausgabe 1907/08)*

Drumherum ist Schleswig-Holstein

Blick über den »Teich« auf die City

Neumünster ist eine der vier kreisfreien Städte in Schleswig-Holstein. Mithin eine bedeutende Stadt. Mitten im Land gelegen. Oder wie man hier sagt: *»Neumünster... drumherum ist Schleswig-Holstein«*. Mit Stadtrechten allerdings erst 1870 ausgestattet. Als Siedlung aber uralt. Die war schon vorhanden, als der missionierende Bischof Vicelin hier anno 1127 ein Kloster gründete: »Nova Monasterium«, das ist: das Neue Münster. Im frühen 14. Jahrhundert zogen sich die Mönche zurück, nach Bordesholm. In der betriebsamen Siedlung Neumünster, im Schnittpunkt wichtiger Fernhandelsstraßen gelegen, war es den frommen Leuten zu lebhaft und zu laut geworden.

In der Mitte des 19. Jahrhunderts entwickelte sich die Stadt zum Eisenbahnknotenpunkt und wichtigen Industriestandort. Insbesondere Leder- und Tuchindustrie boomten. Die Tuchmacherei hatte bereits jahrhundertelange Tradition. *»Im Jahre 1740 zählte das Tuchmacheramt 53 Meister.«**

Neumünster heute? Im Faltblatt »Neumünster-Information« liest sich das in Stichworten unter anderem so: *»82.000 Einwohner. Moderne Industrie- und Wohnstadt im Mittelpunkt Schleswig-Holsteins. Messe (Nord-Bau). Ausbildungs- und Einkaufszentrum. Schleswig-Holsteins Autobahn- und Schienenverkehrs-Knotenpunkt. Pferdesportzentrum (Holstenhallen, Trakehnerverband). Gute Restaurants und Hotels. Erlebnisbad, Zoo. (...)«*

* Aus dem Bericht »Stadt Neumünster« von Oberbürgermeister Roer. Veröffentlicht in »Topographie des Herzogtums Holstein« von Henning Oldekop. 1. Band. 1908. Max Roer war Oberbürgermeister von 1894 bis 1919.

Neumünster – einfach so

In Sachen Städtetourismus gilt Neumünster nicht gerade als Topziel. Trotzdem: hingefahren, stadtgebummelt, nachgeschaut. Einfach so. Und siehe da, zwischen Kuhberg und Großflecken, zwischen Rencks Park und Am Teich, zwischen Fürsthof und Lütjenstraße präsentiert Neumünster eine blumengeschmückte, baumgrüne, frisch-fröhliche, aufgeräumte Innenstadt. In einer angenehmen Mischung aus geschäftig und gemütlich. Mit manchen ansehenswerten Platz- und Straßenbildern und vielerlei interessanten Details.

Zum Beispiel: Mitten durchs Zentrum auf dem Großflecken diese schöne neue Lindenallee, komplett als Fahrradweg genutzt. Die Lütjenstraße – ursprünglich »Lütje Straat« – eine Fußgängerzone mit Ausstrahlung; sogar Fachwerkhäuser blieben hier erhalten. Der Teich mit Uferanlagen samt bunten, witzigen »Plastiken«. Das 100jährige Rathaus, durch und durch neugotisch. Die Dachflächen sind mit glasierten Falzpfannen zweifarbig *in »gotisierender Triangulatur-Ornamentik«** eingedeckt. Nach einem berühmten Vorbild: dem Stephansdom in Wien. Der handgeschmiedete Rankenwerkbeschlag vor den runden Fenstern in der Eingangstür wirkt von innen, im Gegenlicht betrachtet, besonders reizvoll. Die Pavillions auf dem Großflecken sind modern. Zitat: *»Sie (...) repräsentieren in gestalterischer Perfektion den Konstruktivismus der Gegenwart«.*** Na gut. Jedenfalls, der langgestreckte Platz Großflecken kann gut gefallen. Auf einer kleinen Tafel, aufgestellt vom Stadt-Marketing, ist zu lesen: *»Neumünster. Von allem etwas. Von Schönem viel.«* Kein Einspruch!

* Zitat nach der Infoschrift »100 Jahre Rathaus«

**Zitat aus der Infoschrift »Standpunkte«

Neumünster um 1824

Rathaus Neumünster – neugotisch (rechts), Blick in die Lütjenstraße (unten)

»Neumünster (...), Flecken im Amt gleichen Namens (...); an der Schwale und Landstraße von Kiel nach Hamburg. Station für ordentliche und Extrapost. (...) Volkszahl: 2.588. Feuerstellen: 370. Königl. Zollcontrolle. Jahrmärkte am Donnerstag und Freitag vor dem Montage nach dem 1.sten Mai (...), am 21. und 22.sten August (...), beide zugleich Vieh- und Pferdemarkt. Ferner 3tägiger Ochsenmarkt vom 20. Oct. an. (...) Tuch- und Feinwebereien. Frachtfahrt. (...) Armenhaus (...).«

(Aus: *»Topographie des Herzogthums Holstein, des Fürstenthums Lübeck...« von J.F.A. Dörfer, Diaconus der Fleckenskirche in Preetz. Vierte Auflage. 1824)*

Emkendorf, Knoop und Schimmelmann'sche Gelder

Gepflegte Kultur braucht einen würdigen Rahmen. Wußte Julia Gräfin Reventlow, geborene Schimmelmann. Und ließ zusammen mit ihrem Mann, Graf Friedrich Reventlow, ab 1791 Herrenhaus Emkendorf aufwendig ausbauen und großartig ausstatten. Auch das Umfeld mit Alleen, Gärten, Park und Wirtschaftshof wurde neu angelegt.

So hergerichtet, konnte Emkendorf - neben Eutin - um 1800 zum geistigen und kulturellen Mittelpunkt des Nordens werden. Dank der Ambitionen von Julia Reventlow, der »Seele« des »Emkendorfer Kreises«. Und dank einer außerordentlich spendablen Gastfreundschaft. Die Liste der Emkendorfer Gäste dieser Zeit ist lang und erlesen. Dichter und Philosophen weilten zu Gast. Neben vielen anderen Klopstock, Matthias Claudius, die Grafen Stolberg.

Das alles erforderte hohe finanzielle Aufwendungen. Die notwendigen Gelder stammten aus dem Vermögen von Julias Vater, Heinrich Karl Schimmelmann. Ein bemerkenswerter Mann!

1724 in Demmin/Pommern bürgerlich geboren, machte er nach einer Buchhalterausbildung Karriere: Kaufmann in Mecklenburg und in Hamburg, Heereslieferant Friedrich des Großen, Steuerpächter in Kursachsen, Reeder, erfolgreicher Spekulant und Bänker in Wechselgeschäften und Staatspapieren, Schatzmeister und Obersteuerdirektor in Dänemark, Fabrikbesitzer, Großaktio-

Herrenhaus Emkendorf (links) und Kavalierhaus auf Gut Knoop

när, Eigentümer von Plantagen in Übersee, Gesandter, mehrfacher Gutsbesitzer in Dänemark und in Schleswig-Holstein. So wurde Heinrich Karl Schimmelmann reich, sehr reich. Und geadelt. Erst zum Freiherrn, dann zum dänischen Lehnsgrafen.

Auf Gut Knoop war Julias Schwester, Caroline, mit Graf von Baudissin verheiratet. Wie Emkendorf wurde auch Knoop mit reichen Mitteln aus dem Schimmelmann'schen Vermögen großzügig umgestaltet. Das klassizistische Herrenhaus entstand, flankiert von zwei neuen, sogenannten Kavaliershäusern.

Berichtet wird, Julia und ihre Schwester Caroline, wie auch ihr Bruder Heinrich Ernst Schimmelmann (dänischer Finanz- und Kommerzminister) beklagten sehr das Schicksal der Negersklaven in Übersee, setzten sich für deren Emanzipation ein. Ist es als Versuch einer familiär bedingten, moralischen Wiedergutmachung zu deuten? War doch ihr reicher Vater nicht nur Plantagenbesitzer in Westindien gewesen, sondern daselbst auch größter Sklavenhalter Dänemarks. Ein Teil des dort und des damit verdienten Geldes steckt somit auch - siehe oben - in den Herrensitzen Emkendorf und Knoop.

Markenzeichen

Die Knicks! Sie sind, außer in der Marsch, das Markenzeichen der schleswig-holsteinischen Landschaft. Sie prägen das Landschaftsbild, geben diesem das besondere Aussehen, ein eigenes »Gesicht«. Sie zeichnen die vielfältige Oberflächenstruktur des Geländes mit Hügeln, Hängen, Kuppen, Wellen, Senken, Tälern und Ebenen betont nach. Knicks säumen Feldwege, begrenzen, gliedern und verbinden Äcker und Weideflächen. Blüten, Blätter und Früchte, die Herbstfärbung des Laubes, der Rauhreif auf winterlichen Ästen schmücken das Land in unterschiedlichen Farben im Wechsel der Jahreszeiten. Für viele Vogelarten sind die Knicks Brutstätte, Kinderstube, Sicherheitsraum und Nahrungsquelle zugleich. Schmetterlinge, Bienen, Eidechsen, Käfer, Hummeln kommen als Gäste. Wiesel, Fuchs und Igel sind im Knick zuhause. Und wo sonst, wenn nicht am Knick, könnten naturverbundene Menschen Haselnüsse, Schlehen, Fliederbeeren und Brombeeren zum Nulltarif ernten?

Die Ablösung der Feldgemeinschaften durch die Verkoppelungsgesetzgebung im 18. Jahrhundert hat hauptsächlich zur Anlage der »Wallhecken« geführt. Davor hatten bereits Gutswirtschaften beim Übergang zur Koppelwirtschaft mit der Errichtung von Knicks an den Feldgrenzen begonnen. Aber auch später wurden weiterhin Knicks angelegt. Beispiel: Im (damaligen) Kreis Flensburg wurden in den Jahren 1891–1904 in 225 Gemarkungen von 1102 Landleuten 311.046 Meter neue Knicks gepflanzt, in den Jahren 1905–1914 nochmals 197.995 Meter.*

Die Knickdichte war und ist in den einzelnen Teilregionen unterschiedlich.

In den letzten 50 Jahren sind durch Straßen- und Wegebau, für Wohnungsbau und Gewerbe-

Knick kommt von Knicken

»Das Wort ›Knick‹ ist in Schleswig-Holstein bereits 1555 urkundlich erwähnt (Urk. Sammlung I, 362). Die Bezeichnung ›Knick‹, Mehrzahl ›Knicks‹, stammt von dem - heute nur noch selten zu beobachtenden - Abknicken der jungen Pflanzenschößlinge etwa eine Handbreit über dem Boden.
Der Knick ist eine Wallhecke; er zählt zu den lebenden Einfriedungen. Auf den Erd- oder Steinwall werden verschiedene einheimische oder fremdländische Baum- und Straucharten gepflanzt (...)«

(Aus: *»Die Schleswig-Holsteinische Knicklandschaft« von Günther Marqouardt. Schriften des Geographischen Instituts der Universität Kiel. Band XIII, Heft 3. 1950)*

ansiedlungen erhebliche Knick-Kilometer verschwunden. Vor allem die veränderten Strukturen und Techniken in der Landwirtschaft haben zu Knickverlusten geführt: Großmaschinen benötigen große Flächen.
Inzwischen sind Knicks rechtlich geschützt. Wo - zwangsläufig - Knicks gerodet werden müssen, sind an anderer Stelle Ersatzknicks anzulegen.
So gilt diese Feststellung: Schleswig-Holstein ist - alles in allem - noch immer eine schöne, eindrucksvolle Knicklandschaft.

* Quelle der Zahlenangaben: »Die Schleswig-Holsteinische Knicklandschaft« von Günther Marqouardt. Schriften des Geographischen Instituts der Universität Kiel. Band XIII, Heft 3. 1950.

Johann Bruyn sei Dank

Eine einfache Geschichte war die Verkoppelung vor rund 250 Jahren nicht. Allzuleicht konnte es einerseits zu tatsächlichen oder vermuteten Benachteiligungen, andererseits zu Vorteilsnahmen kommen. Schließlich war die Verkoppelung eine Art Landreform im großen Stil. Ordnungsgemäße Vermessung war gefragt, damit es überhaupt annähernd gerecht zugehen konnte.
Im Amt Hütten in den Hüttener Bergen (und hoffentlich nicht nur dort) hat es mit der gerechten Landaufteilung und der entsprechenden Anlage der Wallhecken, der Knicks, in den Jah-

Johann Bryn hat's gerecht gerichtet

ren 1776–1780 offensichtlich gut geklappt. Johann Bruyn, seines Zeichens Major, Oberlandmesser und Oberlandinspektor, machte es möglich. Zu seinem 200jährigen Todestag im Jahre 1999 haben die (noch immer dankbaren) »Hüttener« ihm jedenfalls einen granitenen Gedenkstein auf den Aschberg gestellt. Und dazu eine Informationstafel mit diesem Text:
»Johann Bruyn und die Knicklandschaft. Um 1750 führte die königlich-dänische Regierung eine Landreform durch, bei der die Bauern von Staatspächtern zu Eigentümern der Ländereien wur-

Am Wittensee

Blaublinkende Binnenseen als Eiszeit-Hinterlassenschaft gibt es auch im Landesteil Schleswig. Nicht gar so viele wie in der Holsteinischen Schweiz und im Naturpark Lauenburgische Seen, aber immerhin. Vor allem bekannt: der Wittensee und der Bistensee. Naturschönheiten sind es, eingebettet in eine abwechslungsreiche, reizvolle Landschaft. Kommentar eines Anwohners: *»Wir brauchen uns hinter der Holsteinischen Schweiz nicht zu verstecken.«* Stimmt!

den. Die dazu notwendige Landvermessung und Landverteilung wurde im Amt Hütten von Johann Bruyn geleitet. Mit seiner verständnisvollen Amtsführung gelang es ihm, das Land gerecht und einvernehmlich aufzuteilen. Zur Abgrenzung der neu entstandenen Feldstücke wurden Wallhecken angelegt – es entstand die Knicklandschaft, die hier um den Aschberg noch in ihrer ursprünglichen Form erhalten und zu bewundern ist.«

Motive am Wittensee

Im Skulpturenpark

Kunst- und Kulturhauptstadt des Landes ist Nortorf nun gerade nicht. Gegen einen solchen (nie erhobenen) Anspruch würden Lübeck, Kiel, Schleswig und Flensburg vermutlich ein Veto einlegen. Trotzdem, Nortorf, »*die (Klein-)Stadt, in der nicht nur Einkaufen Freude macht*«, ist in Sachen Kunst und Kultur einen Ausflug wert. Zum Beispiel zu den Chor- und Orchesterkonzerten in der St.-Martin-Kirche.

Und vor allem zum Besuch, zum gemütlich-schlendernden Spaziergang im Nortorfer Landschaftspark, der auch ein Skulpturenpark ist. In dieser schönen Parkanlage verbindet sich gestaltete Natur mit den Werken von Bildhauerinnen und Bildhauern aus dem Lande zu einer interessanten, ausdrucksvollen Schau.

Man muß weder ausgewiesener Kunstexperte sein, noch von Bildhauerei »etwas verstehen«, um diese Mischung aus Skulpturen, Büschen, Bäumen, Blumenrabatten und Rasenflächen ganz einfach »gut zu finden«.

Wenn es je gestimmt hat, daß Kunst und Natur sich in ihrer Wirkung wechselseitig positiv verstärken, hier, im Skulpturenpark Nortorf, ist es der Fall.

Die Skulpturen der verschiedenen Künstler sind - wie könnte es anders sein - höchst unterschiedlich, in der Gestaltung, im Material. Die Bandbreite reicht von abstrakt bis gegenständlich.

Das Schönste: Jeder Parkspaziergänger kann zu jedem Werk seine ganz und gar eigene Meinung haben. Von »großartig« bis »abscheulich«. Jörg Plickats »Weiblicher Torso«, Hans-Dieter Schraders »Viereck und Viereck« und der im Sonnenlicht hell leuchtende Aluminium-«Ikarus« von Hermann Stehr gehören ganz gewiß zu den besonders beachteten Werken.

Nortorfer Skulpturenpark: Ikarus ist abgestürzt (links)

Paradeplatz und Eingang zum Alten Arsenal in Rendsburg (unten und rechts)

Handelssiedlung, Schifferort, Festung, Kanalstadt, Werftenstandort, Seehafen im Binnenland, Landesbauernstadt, Messestadt, Hauptstadt des Kreises Rendsburg-Eckernförde, Industrie- und Dienstleistungszentrum, Kulturstadt, Mittelzentrum, Verkehrsknotenpunkt - das 800-jährige Rendsburg hatte und hat viele Prädikate. Mit anderen Worten: Es herrschte und herrscht reges Leben, politisch, wirtschaftlich, kulturell. Vor allem die Lage macht's: Hier querte über Furt, Insel und Brücke der uralte »Heerweg«, später auch »Ochsenweg« genannt, die Eider. In unserer Zeit hat sich diese, auf dem Mittelrücken des Landes verlaufende Nord-Süd-Verbindung

von Jütland bis zur Elbe, entsprechend gewandelt: zur A7, der Autobahn.
Durch die direkte Lage an Eider, Eider-Kanal und heute Nord-Ostsee-Kanal war Rendsburg immer »im Mittelpunkt« dieser Schiffahrtswege.
Bewegte Vergangenheit und aktives Heute machen Rendsburg zu einer interessanten Stadt. Zum ersten Kennenlernen empfiehlt sich die »Blaue Linie«. Sie verbindet, 3,2 Kilometer lang und aufgemalt auf Gehwegen, Straßen und Plätzen, 30 Sehenswürdigkeiten von gestern und heute, sowie besuchenswerte kulturelle Einrichtungen. Als da zum Beispiel sind: Die St. Marienkirche von 1287 als ältestes Bauwerk der Stadt.

Das Historische Rathaus von 1566. Der Schloßplatz mit dem Gerhardsbrunnen. Viele schöne, alte, gepflegte Fachwerkhäuser. Der autofreie, »riesige« Paradeplatz, mit der barocken Seitenbebauung, einer der schönsten Stadtplätze im Lande. Das einstige Arsenal, heute ein beispielhaft gelungenes Bürger- und Kulturzentrum, mit Museen, die für einen gesonderten Besuch vornotiert werden sollten. Die »Weiße Brücke« im Park und dahinter das neue Rathaus. Das strahlend-helle Stadttheater, 1900 im Stil der »Thea-

Rendsburger Stadtmotive.
Rechts unten der Gerhardsbrunnen

ter-Renaissance« erbaut, davor die Plastik »Eva«, noch vor dem Sündenfall, also ohne Feigenblatt. Im Eingang der Sparkasse Mittelholstein sitzt – in Bronze – »Stutentrine«, flankiert von dem königlichen Oberpolizeidiener »Markgraf«. Einst waren die beiden stadtbekannte, bis heute unvergessene Rendsburger Originale.

Tetenhusener Moor

Die kleine Straße führt von Tetenhusen schnurstracks Richtung Westen, an der Siedlung Landrüh vorbei, wird zunehmend schmaler. Anfangs noch befestigt, geht sie dann in einen holperigen Feldweg über, um schließlich im »Nirgendwo« zu enden. Vor dem Wanderer liegt eine weite Fläche, die aussieht wie endloses Land mit hohem, seit »ewigen Zeiten« nicht gemähtem Gras. Ein schmaler, höchst unebener Pfad, längst ein- und übergewachsen von Bültengras, ist kaum erkennbar. Ein Landwirt hatte gewarnt: *»Noch gut 100 Meter, dann kommen auch Kuhlen.«* Links und rechts des Pfades sind sie jetzt erkennbar, manche wassergefüllt: alte Torfstiche! Wer hier hinein stolpert, hat Probleme, nicht nur nasse Füße.

Eine interessante Flora ist zu bewundern. Gräser, Seggen und Simsen in großer Artenvielfalt, mit unterschiedlichsten, filigranen Blüten- und Fruchtständen. Glockenheide blüht in kleinen

Im Tetenhusener Moor: Reiner Moorboden und Moorbläuling auf der Glockenheide

Kolonien. Sie wächst, so steht es in Blumenbüchern, in luftfeuchten Gebieten, auf Mooren und nassen Sandböden. Wie hier, im Tetenhusener Moor. Viele kleine Falter, zarte Moorbläulinge vor allem, besuchen die Glockenheideblüten. An Moorkuhlenrändern leuchten schneeweiß, feinste Haarbüschel: die Fruchtstände des Wollgrases. Frösche springen durchs Gras. An Abbruchkanten und in trockenen Moorkuhlen steht tiefbrauner Moorboden an.
Einige hohe Pfähle dienen der Orientierung, markieren die gerade Richtung einzelner eingewachsener Pfade durch die Weite.
Tetenhusener Moor - eine Naturlandschaft von herbem Reiz. Seit 1932 Naturschutzgebiet. Geheimtip für Individualisten.

Anfahrt: Von Rendsburg auf der B 202 bis Hohn, dort rechts ab nach Tetenhusen. Oder von der B 77 nördlich von Sorgbrück abfahren, direkt nach Tetenhusen.

Auf dem Holm

Unten an der Schlei ist der Fischerplatz. Netze und Reusen sind auf Gestelle gehängt. Einige Fischkisten liegen im Stapel. Fischerboote haben an Holzstegen und in zwei, drei Kleinst-Hafenbecken festgemacht. Es gibt sie also noch, die Fischer von Holm in Schleswig – einige.
Alles ist ungefähr so, wie es immer war, hier am Fischerplatz. Mindestens seit 1309. Aus diesem Jahr datiert die älteste bekannte Urkunde, in der der Holm erwähnt wird.
Jahrhundertelang war die Anzahl der Holmer Fischer viel, viel größer als heute. Eine ganze Fischersiedlung ist damals entstanden. Mit den typischen, niedrigen Fischerhäusern.
Kein Marktplatz, sondern der vom Ring der Häuschen umstandene Friedhof war und ist Zentrum der kleinen Siedlung. Auf dem Holm gehört er ganz selbstverständlich zum Leben dazu, ist nicht ins optische Abseits gerückt.
Früher, bevor das Noor verlandete und bevor der Fischbrückbach zugeschüttet wurde, war der Holm nicht landfest mit Schleswig verbunden. Der Weg zur Stadt führte – bis 1933 – nur über die Fischerbrücke. Derart separat gelegen, konnte sich auf dem Holm ein Eigenleben entwikkeln. Mit eigenen Riten und Gebräuchen. Und mit diesem ganz besonderen Charakter einer geschlossenen Fischersiedlung.
Dieses Flair konnte bis heute im wesentlichen bewahrt werden. Stimmungsvoll, malerisch.
Vor allen Häuschen blühen Rosenstöcke.

Die Fischersiedlung auf dem Holm (oben) gruppiert sich um den Friedhof mit seinem Kirchlein (links).

Am hölzernen Steg liegen noch immer Boote (oben rechts) – wie jene der Fischer vor hundert Jahren (Historische Sammlung W. Scharnweber).

Friedrichsberger Details

Schleswig, *»die freundliche Kultur-Stadt«*, hat viele bedeutende Sehenswürdigkeiten, großartige historische Gebäude, idyllische Viertel, Museen und Kunstausstellungen von internationalem Rang. Nur einige Stichworte: Schloß Gottorf, der berühmte Dom, Fischersiedlung Holm, Archäologisches Landesmuseum, Museum für Kunst- und Kulturgeschichte.

Da nimmt es nicht wunder, daß das Quartier um die Dreifaltigkeitskirche im Schleswiger Ortsteil Friedrichsberg in touristischen Unterlagen – wenn überhaupt – eher klein gedruckt erscheint. Aber auch Friedrichsberg hat Atmosphäre. Der einstige teils ländliche, teils kleinbürgerliche Charakter dieses ehemaligen Vorortes der Schleimetropole blieb spürbar, sichtbar. Der formschöne, eiserne Treppenaufgang zur hochliegenden Eingangstür eines Hauses hier, die Rosen vor den dreigeteilten Fenstern in blauen Rahmen und im weißen Mauerwerk eines einstöckigen Gebäudes dort, sind liebenswerte Details.

Die Dreifaltigkeitskirche an der Straße Husumer Baum steht unter alt-ehrwürdigen Bäumen geradezu versteckt. Ihre Entstehungsgeschichte ist über dem Seitenportal in einer Steinschrift nachzulesen:

»GOTT ZU EHRN UND DEM SEEL. OSWALD BELING, HAUBTMAN, ZUM GEDECHTNIS LIES DIESE KIRCHE BAUEN DESSEN F. MUTTER ELISABETH BELINGS.«

So geschehen in den Jahren 1650/51. Über der Inschrift zeigt ein sogenannter Knorpelaufsatz das Wappen der Stifterfamilie.

Angenehme Lebensart in Schleswig

»Schleszwig, Haubtstadt im Herzogthum dieses Namens, liegt in einer anmuthigen Gegend an der Schley. Sie hat wohlgebaute Häuser, breite Strassen und für ihre Grösse auch eine hinlängliche Anzahl Einwohner. In dem Dom oder der St. Peterskirche besieht man vornehmlich den künstlichen Altar, die fürstliche Gruft und übrigen Monumente. Auf dem Holm, zu welchem man vermittelst der Fischbrücke gelangt, befindet sich das adeliche Johanneskloster mit einer Priorin und 9 Fräulein. Nahe der Stadt liegt das berühmte Schloß Gottorp. Die Lebensart zu Schleßwig rühmt man als angenehm und gesellschaftlich; die Einwohner verfertigen allerley wollene Stoffe, steinerne Gefäße, feinen Zwirn zu Spitzen und sehr schönen Battist.«

(Aus: *»Geographisch-Historisch-Statistisches Zeitungs-Lexicon« von Wolfgang Jäger, zweiter Teil; 1784)*

Motive aus Schleswig-Friedrichsberg: Haustür (links), Dreifaltigkeitskirche (rechts) und das Stifterwappen über dem Seitenportal (oben)

Schloß Gottorf

Gottorf - das größte, das bekannteste Schloß im Lande. Besonders imposant ist die um 1700 fertiggstellte, weiß verputzte, südliche Schaufassade. Ein Hauch von fürstlichem Glanz läßt sich erahnen. Aus jener Zeit von der Mitte des 16. bis zum Anfang des 18. Jahrhunderts, in der die Herzöge von Schleswig-Holstein-Gottorf hier ihre Residenz hatten.
Hinter der repräsentativen Hauptfront liegen niedrige Flügel unterschiedlicher, zumeist älterer Entstehungszeit, alles vereinigt zu einer stattlichen Vierflügelanlage. Ein dicker Rundturm, vermutlich um 1574 errichtet, ist Teil einstiger Schloßbefestigung.

Herzogliche Residenz, später Sitz der dänischen Statthalter, dann Lazarett, Kaserne - Schloß Gottorf diente unterschiedlichen Zwecken.
Seit 1950 ist Schloß Gottorf zentraler Sitz der Stiftung Schleswig-Holsteinischer Landesmuseen, gilt mit seinem Museum für Kunst- und Kulturgeschichte sowie dem Archäologischen Landesmuseum als bedeutendste Ausstellungsstätte zwischen Hamburg und Kopenhagen. Das aus Eichenholz gefertigte Nydamboot aus der Zeit um 600 n.Chr., in der Nydamhalle neben dem Schloß, gehört zu den bekanntesten Attraktionen.

Wie schrieben doch die »Kieler Nachrichten«: *»Es gibt viele Gründe, das größte Schloss des Landes zu besuchen. Von der imposanten Architektur und Ausstattung über die Kunstschätze und archäologischen Fundstücke bis zu seiner bewegten Vergangenheit als Sitz der Schleswiger Herzöge ist Schloss Gottorf ein kulturgeschichtliches Denkmal ersten Ranges.«**

* »Kieler Nachrichten«, Nr. 211, 9. September 2000

Schloß Gottorf und sein Freigelände

Wieder entstanden ist nun auch der terrassenförmig angelegte Barockgarten. Und eine Rekonstruktion von dem einst weltberühmten »Gottorfer Globus«. Im Innern der kupfernen Hohlkugel hatten bis zu 12 Personen Platz, konnten den von einer Wassermühle angetriebenen Lauf der Gestirne verfolgen. 1713 hat Zar Peter der Große den Original-Globus nach St. Petersburg bringen lassen. Als Staatsgeschenk und als Kriegsbeute - halb und halb.

Der Runenstein von Busdorf

Der Busdorfer Runenstein

»König Sven setzte diesen Stein für Skarthi, seinen Gefolgsmann, der nach Westen gefahren war, aber nun bei Haddeby getötet wurde.«
Im späten 10. Jahrhundert wurde dieser Text in altdänischer Sprache in Runenschrift in den Findlingsstein geschlagen. Seither hatte der Runenstein an Ort und Stelle gestanden: in Busdorf bei Schleswig.
Eintausend Jahre Geschichte sind an ihm vorbeigezogen, nichts konnte ihm etwas anhaben. Noch vor einigen Jahren wurde damit für den Fremdenverkehr geworben: Der einzige Runenstein Deutschlands, der noch im Freien steht, am alten, überkommenen Standort.

Inzwischen stimmt auch das nicht mehr. Nach 1000 Jahren Wind und Wetter zeigte der berühmte Busdorfer Runenstein Wirkung. Verwitterungsschäden waren nicht zu übersehen.
Der Runenstein wurde umgesiedelt, ins nahe gelegene Wikinger Museum Haithabu. Zum Schutz seiner selbst kam er dort unter Dach und Fach. Den Busdorfern wurde eine naturgetreue Kopie aus Kunststein geliefert und an dem Platz aufgestellt, wo das Original so lange Zeit von

Die Wikinger von Haithabu

Skarthi, dem Gefolgsmann des Dänenkönigs Sven Gabelbart, berichtet hat.

Nur - Kopie ist eben Kopie. Die wahre Runenstein-Beschaustimmung mit dieser inneren Ahnung von der Vergänglichkeit des Menschen und der Dauerhaftigkeit der Geschichte will sich nicht recht einstellen.

Man muß sich trösten: Das Original wird museumsfachmännisch gepflegt und bewahrt - für die nächsten 1000 Jahre.

Sie waren Krieger, Kaufleute, Kolonisatoren - die seefahrenden Normannen aus skandinavischen Heimatländern: Wikinger genannt. Auf 800 bis 1100 datiert die große Wikingerzeit. In fast alle Teile der damals bekannten Welt stießen die Wikinger vor, von der Ostküste Amerikas bis zum Kaspischen Meer.

Ihre Kriegs- und Raubzüge, ihre Staatengründungen, ihre bis in ferne Erdteile reichende Kaufmannschaft sind ebenso berühmt und legendär

Die Wikinger kommen!

wie ihre Schiffbaukunst, ihre feinsten Goldschmiedearbeiten, ihre vollendeten Handwerksleistungen.
Haithabu, am Haddebyer Noor nahe Schleswig, war eine der bedeutendsten Siedlungs- und Handelsplätze Nordeuropas, ein Zentrum des Lebens und der Kultur der Wikinger.
Seit 1900 haben archäologische Ausgrabungen in der Siedlung, an den Befestigungsanlagen, am und im einstigen Hafen und auf den Gräberfeldern stattgefunden.
Das 1985 eröffnete Wikinger Museum Haithabu* ist der Archäologie und Geschichte der Siedlung Haithabu gewidmet. Es liegt in unmittelbarer Nähe der historischen Stätte. Die Schausammlung informiert an Hand des reichen Fundmaterials und durch Rekonstruktionen und Modelle über die Siedlung, ihre Bauwerke, Befestigungsanlagen, über Haushalt und Wohnen, Ernährung, Bekleidung und Schmuck, über Wikingerschwerter,

Wikinger-Langschiff im Museum Haithabu

Exponate im Wikinger Museum

Befestigungswall bei Haithabu

Münzen, Handelswege, Runen. Und natürlich über Boote, Schiffe, Seefahrt. Das 1979 aus dem Wikingerhafen als Wrack geborgene, rekonstruierte Langschiff ist eine besondere Attraktion. Es ist schmal und schnittig, war 28 - 30 Meter lang, maximal 3 Meter breit, hatte 24–25 Paar Riemen, eine Besatzung von 50–55 Mann.
Für Wikingerfreunde aus aller Welt ist Haithabu Kult. Für Dänen der Besuch vermutlich nationale Pflicht. Weil sich unsere netten Nachbarn aus dem Norden doch als legitime Nachfahren der Wikinger fühlen. Und auch alle anderen erfahren im Museum am Haddebyer Noor in ebenso interessanter wie anschaulicher Form (fast) alles über diese seefahrenden Normannen.

* Das Wikinger Museum Haithabu ist Teil des Archäologischen Landesmuseums Stiftung Schleswig-Holsteinischer Landesmuseen Schloß Gottorf.

Am Giselaukanal

Schleuse am Giselaukanal

Die großen und selbst die mittelgroßen Straßen sind weit entfernt. Es ist wahrlich eine »versteckte Ecke«, hier am schmalen, nur 2,8 Kilometer langen Giselaukanal, der Eider und Nord-Ostsee-Kanal verbindet. Die Giselauschleuse, auf halber Kanalstrecke, gleicht unterschiedliche Wasserstände im Nord-Ostsee-Kanal und in der Eider aus. Es ist eine Einkammerschleuse, 70 Meter lang, 10 Meter breit, fast nur noch von Sport- und Freizeitbooten genutzt. Eine Portalbrücke ermöglicht auf schmaler Straße den Landverkehr hinüber und herüber.

Drüben, auf dem niedrigen Deich, läßt es sich im grünen Gras gut sitzen. Ein Platz zum Schauen, zum Träumen, zum »Seele-baumeln-lassen!«

Verbindung

Der Nord-Ostsee-Kanal durchschneidet das Land. Fähren, ein Tunnel und Brücken verbinden es wieder. Beispiel: die Eisenbahn- und Straßenhochbrücke Grünental, 405 Meter lang, 1983/86 in Stahlbau neu errichtet. Lichte Durchfahrtshöhe für den Schiffsverkehr 42 Meter. Kompliment den Brückenarchitekten. Ihr Werk ist nicht nur funktional sondern mit seinen klaren Linien auch schön.

Die Eisenbahn- und Straßenhochbrücke Grünental

Die Heide

Vor Zeiten war der Schleswig-Holsteinische Mittelrücken, die Geest, auf endlos weiten Strecken Heidelandschaft. Schwach besiedelt, einsam. Theodor Storm hat in seinem Gedicht »Abseits« diese Heide einfühlsam beschrieben.
Storms Heide - in diesem Gedicht - ist romantisch verklärt. Der »rosarote Schimmer«, der »um die alten Gräbermale fliegt«, ist nur zur Augustblütezeit vorhanden.
Sonst war die Heide eher braun, grau, rostfarben, verkrüppeltes Heidekraut auf niedrigen Sandhügeln, Moose, magerer Sandhalm, hier und da ein paar Schafe, ein staubiger, schmaler Sandweg.
Und doch hatte auch diese ernste, stille, siedlungsfeindliche, »öde« Heide ihren eigenen Reiz. Voller weltferner Melancholie. Die blühende Heide im August mit ihrem meilenweiten rosarot-violetten Schein war dann im Sommersonnenlicht der großartige Jahreshöhepunkt.
Die Heide ist nicht mehr. Als der Dampfpflug kam, konnte der ortsteinharte Boden aufgebrochen werden. Die Heide wurde kolonialisiert. Ackerland entstand. Roggen statt Heidekraut. Schon Klaus Groth hat voller Wehmut den Untergang der Heide beklagt:

»Och, aewer de Heid, de brune Heid.
Dor heff ick wannert mennigmal!
De brune Heid, de schöne Heid,
Wa is se bleben mit er Blöm?
Dar, wo dat gröne Korn nu weiht
Dar ligt si graven mit min Dröm.
De Plog, de gung daraewer hin,
Nu grast dar Veh op fette Weid.
Mi awer ligt si noch in'n Sinn,
De Brune Heid, de schöne Heid!«**

Heideblüte im Naturschutzgebiet Sorgwohld

Ein Heiderest blieb erhalten: Naturschutzgebiet Sorgwohld.* Hier läßt sich Heide noch ein wenig erleben und empfinden: Die heitere, farbenprächtige Heide der Augustblüte, die ernste Heide eines wolkenverhangenen Tages zu anderer Jahreszeit.

Abseits

Es ist so still; die Heide liegt
Im warmen Mittagssonnenstrahle,
Ein rosenroter Schimmer fliegt
Um ihre alten Gräbermale;
Die Kräuter blühn; der Heideduft
Steigt in die blaue Sommerluft.

Laufkäfer hasten durchs Gesträuch
In ihren goldnen Panzerröckchen,
Die Bienen hängen Zweig und Zweig
Sich an der Edelheide Glöckchen,
Die Vögel schwirren aus dem Kraut -
Die Luft ist voller Lerchenlaut.

Ein halbverfallen niedrig Haus
Steht einsam hier und sonnbeschienen;
Der Kätner lehnt zur Tür hinaus,
Behaglich blinzelnd nach den Bienen;
Sein Junge auf dem Stein davor
Schnitzt Pfeifen sich aus Kälberrohr.

Kaum zittert durch die Mittagsruh
Ein Schlag der Dorfuhr, der entfernten;
Dem Alten fällt die Wimper zu,
Er träumt von seinen Honigernten.
- Kein Klang der aufgeregten Zeit
Drang noch in diese Einsamkeit.

Theodor Storm

* Knapp nordöstlich der kleinen, nördlich der B 77 gelegenen Siedlung Sorgwohld und südlich von Owschlag. Hilfreich: Topographische Karte, TK Nr. 1623, 1:25000, Normalsausgabe, des Landesvermessungsamtes Schleswig-Holstein.

**Zitiert nach »Nordfriesland«, Verlag C.F. Delff, Husum; 1929

Dorfspaziergang

Ahrenviöl, zwei Kilometer nördlich der B 201, Abfahrt zwischen Oster-Ohrstedt und Wester-Ohrstedt, das ist rund zehn Kilometer östlich von Husum. Ahrenviöl - gewiß keine touristische Top-Adresse. Die ganze Wahrheit: Außer bei den Einheimischen aus der Region ist Ahrenviöl ziemlich unbekannt.

Impressionen aus Ahrenviöl

Und doch, der Ahrenviöler Dorfspaziergang ist eine kleine Tour interessanter Bilder und netter Erlebnisse: Kuschelige Reetdachhäuser mit bunten Vorgärten. Ein schmiedeeisernes Hoftor mit der eisernen Rose als Zierde. Der Storch auf seinem Nest, hoch oben auf hohem Pfahl. Der Schäfer, der soeben die fast schon erwachsenen Lämmer von den Mutterschafen getrennt hat. *»Zwei Tage«* sagt er, *»müssen die jungen Schafe nun besonders ge- und behütet werden. Solange neigen sie noch dazu, übers Gatter auszubüxen, um wieder zur Mutter zu kommen.«*

Auf dem Dach eines Altbaus in Rundum-Renovierungszustand sind Reetdachdecker am Arbeiten. Faszinierend zu sehen, wie ein formschönes Reetdach neu entsteht. Auf dem gepflegten, von grünem Rasen gerahmten Dorfteich blühen Teichrosen, weiß und rosa. Vor Bauerngehöften steht landwirtschaftliches Gerät.
Ahrenviöl – ein Dorf mit eigener, sympathischer Atmosphäre.

Holländisch

Wer's holländisch mag, muß nicht in die Niederlande reisen. Friedrichstadt/Schleswig-Holstein tut es auch. Der Ort wurde 1621 von Holländern, die Herzog Friedrich III. (daher der Name) ins Land gerufen hatte, gegründet. Man sieht es noch immer, typisch und unverwechselbar. Die kleine Stadt an Eider und Treene mit ihren Kanälen, ihren Treppengiebelhäusern und den schmalen Straßen trägt ihren Zusatznamen »Klein-Amsterdam« gewiß zu Recht. (Unter uns: So anheimelnd-gemütlich, so alt-niederländisch ist es nicht einmal im richtigen, großen Amsterdam.)

Eine Treetbootfahrt auf den Kanälen kreuz und quer durch und um die Stadt ermöglicht besondere Blickwinkel.

Bei einer gemächlichen Wanderung durch die Straßen – dann, wenn frühmorgens oder am Abend die Tagestouristenbusse noch nicht oder nicht mehr da sind – entdeckt man viele Schönheiten im Detail: die jahrhundertealten Sandsteinreliefs am Eckhaus am Markt, die plattdeutschen Spruchweisheiten am Brunnenhäuschen, alte, kunstvoll gearbeitete Haustüren, Kopfsteinpflaster auf Straßen, das »schiefe Haus« Ecke Mittelburgwall und Westersielzug – natürlich frisch ge-

Treppengiebelhäuser am Marktplatz und einer der zu Friedrichstadt gehörenden Kanäle

kalkt und mit schwarzen Mauerankern. Die vielen Rosenstöcke vor den niedrigen Häusern mit den Sprossenfenstern. Die »Hebammen-Brüch«, die Hebammen-Brücke also, einst gebaut, damit »Mutter Griebsch« immer rechtzeitig zu den Häusern auf der kleinen Flußinsel kommen konnte – hier war Nachwuchs stets besonders reichlich. Und auch die alten Hauszeichen an vielen Gebäuden als bewahrte Zeugen einer Zeit, in der es Hausnummern noch nicht gab.
Flachsblumenstraße heißt eine Gasse: In Friedrichstadt, dem Holländerort, paßt alles zusammen.

Drei-Flüsse-Landschaft

Die Eider-Treene-Sorge-Niederung, die Drei-Flüsse-Landschaft. Sie liegt (Zitat) »... *mitten im peripheren strukturschwachen Raum im Nordwesten des Landes...«.** Mit der Region Stapelholm und Erfde in der Mitte, mit Lunden und Friedrichstadt im Westen, Hennstedt und Tellingstedt im Süden, Hohn im Osten, Schwabstedt, Winnert und Ostenfeld im Norden.

60.000 Hektar umfaßt dieses dünnbesiedelte Gebiet, wovon etwa 80 % Feuchtgrünland sind. Zitat: »*Die Flußlandschaft Eider-Treene-Sorge gehört zu den letzten weitgehend unzerschnittenen Naturräumen in Mitteleuropa. Sie umfaßt ein großräumig zusammenhängendes Feuchtgebiet von europäischer Bedeutung.*«*

Als Einheit hat sich diese Landschaft bis vor kurzem allerdings nie verstanden. Das dichte Netz von Flüssen, Gräben, ausgedehnten Mooren und Überschwemmungsgebieten sowie wenige Verkehrsübergänge führten zu naturräumlich bedingter Trennung der Teilräume, von Dörfern und Gemeinden. Die heutige Zugehörigkeit zu vier verschiedenen Landkreisen war auch nicht hilfreich.

In der Drei-Flüsse-Landschaft

Das soll nun anders werden. Die vier Landkreise (Nordfriesland, Schleswig-Flensburg, Rendsburg-Eckernförde und Dithmarschen), 11 beteilige Amtsverwaltungen und 71 Gemeinden haben sich zusammengetan, um die Eider-Treene-Sorge-Niederung gemeinsam zu entwickeln und zu fördern. Unter Einbeziehung und in Abstimmung mit der Bevölkerung. Zentrales Anliegen: das großartige Naturpotential im Einklang mit der Land- und Wasserwirtschaft zu erhalten und zu stärken, die ökologische Entwicklung voran zu bringen.

Für den naturverbundenen Individualtouristen ist die Eider-Treene-Sorge-Niederung ein Traumgebiet – zum Naturerleben, Naturbeobachten, Naturverstehen.

* »Nachhaltige Regionalentwicklung in der Flußlandschaft Eider-Treene-Sorge.« Beitrag für den Wettbewerb »Regionen der Zukunft« des Bundesministeriums für Raumordnung, Bauwesen und Städtebau. Seeth, Januar 1998.

Zauberwäldchen

Und sie tanzten einen Tango...

Manche Wälder sind - sozusagen - forstwirtschaftlich voll durchgestylt. Da wachsen, Stamm für Stamm, aufrecht-gerade Bäume heran, die in 5, 15, 50 oder 75 Jahren guten Holzertrag versprechen.

Hier und da läßt man, gezielt und naturschützerisch organisiert, kleine Wälder völlig »unberührt« gedeihen. Zurück zum Urwald - so ungefähr jedenfalls.

Und dann gibt es noch die kleinen (Bauern-) Waldstücke, die weder das eine noch das andere sind. Eben eine Mischung aus beiden. Da wachsen stolze hohe Buchen neben längst überständigen Uralt-Veteranen mit hoch bemoosten Stämmen. Moospolster auf oberirdischen Baumwurzeln erinnern an Märchenfiguren. Die beiden Baumstämme dort halten sich gar elegant umschlungen. So, als wollten sie gleich einen Wald-Tango tanzen. Und hier - wo denn sonst? - haben auch Kobolde und die Unterirdischen ihr Zuhause.

Solche, die Phantasie anregenden »Zauberwäldchen« - es gibt viele im Lande - sind in touristischen Unterlagen in aller Regel nicht notiert. Selbst suchen und entdecken - das ist das wahre Vergnügen.

Ein Tip: Das Tango-tanzende Baumpaar und die bemoosten Veteranen stehen in dem kleinen Wäldchen an der L 317 (früher B 76) zwischen Schleswig und Flensburg auf der Höhe Sankelmark. Gegenüber der Gaststätte »Kiek in«.

DER WESTEN

... das ist vor allem das flache, weite Marschenland nahe der Nordseeküste zwischen der Elbe im Süden und der deutsch-dänischen Grenze im Norden. Einige »Geestinseln« ragen in die Marsch hinein. Die Landschaften heißen Dithmarschen, Eiderstedt, Nordfriesland.

Der Westen, das sind auch die Nordseeinseln und Halligen: Sylt, Föhr, Amrum, Nordmarsch-Langeneß, Oland, Gröde, Habel, Hooge, Pellworm, Nordstrand, Südfall, Norderoog und Süderoog. Und - weit draußen in der See - Helgoland.

Städte und größere Orte des Westens sind Westerland und Wyk, Niebüll und Bredstedt, Husum, Tönning, Garding und St. Peter-Ording. Außerdem Heide, Meldorf, Marne, Wesselburen, Büsum und Brunsbüttel.

Dithmarschen – Richtigstellungen

Falsch ist, anzunehmen, dieser Landkreis bestände namensgerecht – Dith**marschen** – nur aus tiefliegendem, bügelbrettflachem Marschenland

Richtig ist, 58 % der Landfläche sind Geest, nur 42 % Marsch. Zusammen mit Kanälen, Sielzügen, Flüssen und wasserführenden Gräben ergibt das ein vielseitiges, abwechslungsreiches Landschaftsbild.

Falsch ist die Meinung, die Geschichte der Landschaft bestände allein aus dem immer und überall genannten Datum 17. Februar 1500. Gemeint ist damit die jedem Dithmarscher für alle Zeiten unvergeßliche Schlacht von Hemmingstedt, in der die freie Bauernrepublik die schwerbewaffneten Scharen des dänischen und holsteinischen Adels mitsamt dem Landsknechtskorps der »Schwarzen Garde« vernichtend schlug.

Dithmarschen ist (nicht nur) Kohlland

Richtig ist, die bemerkenswerte Historie der Region beginnt viel früher. Schon die Steinzeitmenschen haben hier gesiedelt. Die Leute der »Trichterbecherkultur« waren vor mindestens 4700 Jahren die ersten Landwirte, die Viehzucht und Ackerbau betrieben. Die »Archäologische Meile« rund um Albersdorf mit an die 50 erhaltenen, mächtigen, prähistorischen Grabstätten ist dafür ein Beweis.

Falsch ist die Annahme, in Dithmarschen würde nur Kohl wachsen.
Richtig ist, daß Dithmarschen zwar das größte geschlossene Kohlanbaugebiet Europas aufzuweisen hat und die alljährlich gefeierten »Kohltage« inzwischen bundesweite Berühmtheit erlangt haben. Aber außer Kohl gedeiht auch alles andere, was Landwirte und Gemüsebauern auf Geest- und Marschboden anbauen. Eben alles – außer Wein und Hopfen. Nicht zu vergessen: die riesigen, farbenprächtigen Begonienfelder von Schülp.

Dithmarscher Landschaft und das Kreishaus in Heide

Falsch ist die Ansicht, hier würde der zumeist aus westlichen Richtungen von der weiten Nordsee kommende Wind ausschließlich zur allseits angenehmen Durchlüftung des Landes genutzt.
Richtig ist, die Dithmarscher – im Rechnen und in Sachen Erwerbssinn schon immer gut – »vermahlen« die frische Brise gewinnträchtig zu Strom. Mittels vieler, vieler Windkraftanlagen. Von der Windnutzung früherer Zeiten zeugen überdurchschnittlich viele erhaltene, liebevoll gepflegte Korn-Windmühlen.

Falsch ist zu glauben, Dithmarschens touristische Eckpfeiler und lohnende Ausflugsziele seien allein Büsum und Friedrichskoog.
Richtig ist, es gibt auch sonst viel zu entdecken und zu erleben. Beispiele: der Märchenbrunnen mit den drei süßen nackerten Ladies und das vierfach konkav gewölbte Kreishaus in der Kreisstadt Heide. Die malerische Altstadt von Meldorf. Die Kanalschleusen von Brunsbüttel. Die gestakten Kahnpartien (»à la Spreewald«) auf Kanälen und Auen ab Burg mit der Kudener Kahnschiffergilde. Romantische Winkel an der Eider bei Pahlen, Schwienhusen und Delve. Die Wanderstrecken am Nord-Ostsee-Kanal (»alle Schiffe dieser Welt«). Ringreiterfeste allerorten. Die Tanz- und Trachtengruppe »Wöhrdener Kageln«. Der bekannte

Gestakte Kahnpartie »à la Spreewald« ab Burg

Geschlechterfriedhof von Lunden. Die Dorfkirchen von Hemme, St. Annen und Hennstedt neben vielen anderen. Der Marktplatz von Wesselburen. Das Jugenstil-Rathaus in Marne. Ursprüngliche Köge, die Deiche, die Nordsee, das Watt. Gepflegte Dörfer, interessante Kleinstädte. Und ganz viel schöne, ruhige Landschaft.
Richtig ist: »Dithmarschen lohnt!«

Crangon crangon

Soviel steht fest: Krabben sind - neben Seezungen - die vorzüglichste Delikatesse, die die Nordsee liefert.
Wohlgemerkt, Nordseekrabben müssen es sein. Die haben den wahren Feingeschmack. Tiefseekrabben von »Gott-weiß-woher« sind dagegen günstigstenfalls zweite Wahl.
Studierte Meerestierkundler erklären gelegentlich mit der Nachsicht des besser Informierten, der Name Krabbe sei falsch. Krabben, das seien jene Querläufer, die der gemeine Mann als Krebse zu bezeichnen pflegt. Und bei dem, wozu Otto Normalbürger Krabbe sagt, handle es sich - richtig tituliert - eben um Garnelen.
Alles unklar?
Den Einheimischen an der Küste ist das ohnehin egal. Sie reden weder von Krabben noch von Garnelen. Für sie sind es »Porren«.
Wegen der Vollständigkeit sei auch die wissenschaftliche Bezeichnung der Porren-Krabben-Garnelen erwähnt: *Crangon crangon*.
Der Name hat ja nun wirklich etwas.

Kutterhafen Friedrichskoog
und kistenweise die »Porren« genannten »Krabben«,
die eigentlich Garnelen sind...

Eiderstedts Kirchen

Eiderstedt – das ist die seit Jahrhunderten ununterbrochene Geschichte von Deichbau, Sturmflutsicherung, Landgewinnung, Schaffung neuer Köge. Ebenso lang ist die Leidensgeschichte der Sturmfluten, der Deichbrüche, der Überflutungen, der Landverluste, der Sturmfluttoten, der Verluste an Häusern, an Hab und Gut, an Ernten und an Vieh.

Wer so wie die Eiderstedter »von Anfang an« stets durch die unberechenbare See bedroht war, suchte wohl besonders intensiv Trost und Beistand durch Gott. Auf Eiderstedt errichteten die Menschen deshalb sehr früh – ab 1103 – die Kirchen. Weil Wege damals weitgehend fehlten, oder, soweit vorhanden, nach Regen und Überflutung doch unpassierbar waren, weil aber niemand auf die

Die Kirche von Poppenbüll (unten) und ihr Schnitzalter von 1579 (rechts unten)

Handlungen in der Kirche verzichten wollte, baute sich jedes Dorf sein Gotteshaus. Das berühmte, dichte, mittelalterliche Kirchennetz Eiderstedts entstand. Und blieb bis heute erhalten.

Wie stolze Gottesburgen stehen die meisten dieser insgesamt 18 Kirchen* auf hohen Warften. Und sind deshalb im ebenen, unverbauten Eiderstedter Land weithin sichtbar. Sechs Kirchen mit einem einzigen Rundblick auszumachen, ist möglich.

Im Sommerhalbjahr sind die Kirchen der Land schaft in der Regel tagsüber geöffnet. Zur per sönlichen stillen Andacht. Oder zur Besichti-

Die Kirche von Westerhever

gung. Die sei empfohlen. Die Ausstattung ist für Kleinstadt- und Dorfkirchen überraschend reich und wertvoll. Hier spiegeln sich gleichermaßen Glaubenstreue, Wohlhabenheit und Heimatverbundenheit vieler Generationen wider.
Berühmt sind die Kanzeln vom »Eiderstedter Typ«. Diese sechseckigen, reich und sorgfältig beschnitzten Kanzeln entstanden in dem kurzen Zeitraum von 1563 bis zum Ende des 16. Jahrhunderts.** Kanzeln des »Eiderstedter Typs« – oft mit Wappen und/oder Namen des Stifters – gibt es in folgenden Kirchen: Garding, Kating, Koldenbüttel, Kotzenbüll, Poppenbüll, St. Peter, Tetenbüll, Vollerwiek, Welt und Witzwort.
Ebenfalls eine auf Eiderstedt beschränkte Kirchenbesonderheit sind Abendmahlsbänke, seitlich vom Altar aufgestellt. Diese »Kniebänke«, oft wundervoll gearbeitet und von wohlhabenden Eiderstedtern gestiftet, wurden noch bis in die Barockzeit gebaut.

* Zu den »alten«, seit der Reformation evangelischen Kirchen Eiderstedts kommen zwei neu errichtete katholische Kirchen (1958/1978 und 1972) in St. Peter-Ording und Tönning.

**Zeitangabe nach Hans-Walter Wulf, ehemals Propst des Kirchenkreises Eiderstedt, in »Eiderstedt – Land der Kirchen«, Verlag H. Lührs & Dircks; 1990

Leuchttürme

Für's Modellstehen zwecks irgendwelcher Firmenwerbung bekommt ein Leuchtturm keine müde Mark Honorar. Der Leuchtturmeigentümer - das ist der Bund - auch nicht. Noch nicht. Vielleicht entdeckt der Bundesfinanzminister diese potentielle Einnahmequelle demnächst. Da ließe sich Kasse machen. Denn Leuchttürme werden für allerlei Werbefotos und -filme gern und häufig zweckentfremdet. Die Honorarsätze wären dann vermutlich gestaffelt. Nach Leuchtturmschönheit und »persönlicher Ausstrahlung«.

Den Honorarspitzenplatz würde sicherlich Leuchtturm Westerhever auf der äußersten Westspitze der Halbinsel Eiderstedt einnehmen. Er ist - in seinem rot-weiß-rot gestreiften Kleid und mit den beiden kleinen Nebengebäuden als Komparsen - der schönste im Lande. Und inzwischen sehr werbeerfahren. Trotz Werbeeinsatz: Der Schiffahrt leuchtet der 37 Meter hohe Leuchtturm Westerhever nach wie vor den rechten Weg. Nacht für Nacht.

Übrigens: Auch Leuchtturm Bülk, in gediegenem schwarz-weiß, ausgangs der Kieler Förde, drüben an der Ostsee, leuchtet nicht nur der Schiffahrt den sicheren Weg. Er ist ebenfalls eine Landattraktion. Können doch Besucher hinaufsteigen zur Plattform und von oben Ausschau halten über Land und Meer.

Die Leuchttürme von Westerhever und Bülk

Pharus – der Leuchtturm

»Laterne ist auch ein Leuchtthurm, Pharus, auf dem Ufer des Meers, an dessen Obertheile eine Kammer umher mit großen Fenstern verwahret ist, in welcher bey Nacht ein starkes Licht von Fackeln oder Lampen den Seefahrenden zur Nachricht angezündet wird. Das erst Gebäude dieser Art hat Ptolemäus Philadelphus, König von Aegypten, auf der Insel Pharos aufrichten lassen, welches unter die sieben Wunderwerke der Alten gezählt wird.«

(Aus: *»Johann Theodor Jablonskies Allgemeines Lexicon der Künste und Wissenschaften...«, in der Ausgabe von 1767)*

Das Eidersperrwerk

Das Eidersperrwerk von der Seeseite und bei gehobener Brücke

Seit Tagen hat es anhaltend und ergiebig geregnet. Gräben, Sielzüge, Flüsse führen Hochwasser. Schon länger als 12 Stunden tobt ein schwerer Sturm aus West, mit 9, in Böen bis zu 11 Windstärken, Springtiden-Zeit ist außerdem.

Eine Sturmflut brandet gegen die Nordseeküste, nimmt die Deiche wieder einmal in einen Härtetest.

Gleichzeitg werden mit ungeheurer Wucht riesige Wassermassen in die weite, offene, trichterförmige Eidermündung hineingedrückt, bis weit ins Hinterland. Dadurch kann der Fluß auch seine aufgenommenen Regenmengen nicht entwässernd in die Nordsee abgeben. In der Eider und ihren Zuflüssen Treene und Sorge, in den zugehörigen Systemen der Entwässerungsgräben, herrscht ein enormer Wasserstau. Der Pegel steigt höher und höher, über die Ufer hinaus. Im Hafen Tönning ist »landunter«, im großen Gebiet der Eider-Treene-Sorge-Niederung stehen riesige Flächen unter Wasser.

So war es, Jahrhunderte lang. Bis nach der verheerenden Sturmflut von 1962 die Menschen endgültig auf Abhilfe sannen. Das Eidersperrwerk wurde ab 1967 gebaut. Sechs Jahre später waren 171 Millionen Mark verbaut und das größte Küstenschutz-Projekt des Landes erfolgreich beendet. Am 20. März 1967 erfolgte die feierliche Einweihung für dieses imposante Bauwerk

aus Beton, Betonstahl, Schüttsteinen. Mit seinem »Herzstück«, den fünf riesigen Sieltoren aus Stahl, die - dann völlig geschlossen - seither noch jeder Sturmflut standgehalten haben.

Die Sieltore können von einem Leitstand aus hydraulisch durch gewaltige Gelenkhebel genau dosiert angehoben und gesenkt werden, um die Eider nach Bedarf und nach den Flutständen der Nordsee zu entwässern. Aber auch, um bei »ruhiger« Flut Nordseewasser einzulassen. Anschließend werden die Tore geschlossen, Wasser aufgestaut. Besteht bei Ebbe genügend Gefälle zwischen aufgestautem Wasser binnenseits und der Nordsee, öffnet man die Sieltore. Der dann mächtig auslaufende Strom räumt Sandablagerungen im Außentief ab, spült sie ins freie Meer. Dadurch wird einer Versandung des Fahrwassers vorgebeugt.

Die Schiffahrt kann durch die offene Klappbrücke passieren. Denn über das Eidersperrwerk verläuft die Verbindungsstraße zwischen Eiderstedt und Dithmarschen. Kommen Schiffe - insbesondere Fischkutter und Sportboote - wird die Klappbrücke hochgefahren. Solange ruht der Straßenverkehr.

Das Eidersperrwerk, diese großartige Ingenieurleistung, ist ein Besuchermagnet. Für Urlauber ein »Muß«, für Einheimische auch beim x-ten Besuch immer wieder ein Erlebnis.

Schwarzberger Moor

Naturschutzgebiet Schwarzberger Moor. Eine amphibische Kleinlandschaft von eigenem, herbschönem Reiz. Auch, oder gerade an einem schneelosen Wintertag. Ein abgetorftes Hochmoor in einer Senke, eingefaßt von Wald und Wiese. Land und Wasser im kleinräumigen Wechsel, zusammengewachsen zu einer Natureinheit. Nicht begeh-, aber besehbar. Abseits, ruhig gelegen. An der Straße zwischen Westre und Westrefeld, östlich von Süderlügüm.

Im Schwarzberger Moor

Storm'sche Spuren und das Schiff von Uelvesbüll

»Ihren« Theodor Storm schätzen die Husumer natürlich über alles. Hat der hier 1817 geborene Dichter mit seinen Werken seine Heimatstadt doch weltweit und dauerhaft bekannt und interessant gemacht. 113 Jahre sind vergangen, seit »Der Schimmelreiter« erschienen ist und nichts hat diese bekannteste Storm'sche Novelle von ihrer Faszination verloren.

So ist Theodor Storm - posthum - noch heute für Husum ein touristischer Glücksfall. Jahr für Jahr kommen viele Besucher, buchstäblich aus aller Welt, um die Stadt und die »Region des Hauke Haien« zu erleben, denen der Dichter zur Berühmtheit verhalf. Und um den Spuren

Die Friesin mit dem Ruder

Storms »nachzugehen«. Der Besuch des Storm-Museums im Haus Wasserreihe 31 gehört stets dazu. Hier hat Theodor Storm von 1866 bis 1880 gewohnt.

Nur mit einem Etikett, das der Dichter der Stadt per Gedicht »anheftete«, sind die heutigen Bewohner Husums nicht recht einverstanden. Mit der *»grauen Stadt am grauen Meer«*. Denn grau, sagen die Husumer, sei ihre Stadt nun wirklich nicht. Und Nebel gäbe es auch nicht häufiger als überall woanders. Das stimmt. Husum heute - zumal an Frühjahrs- und Sommertagen - ist eine bunte, eine fröhliche, eine aktive Stadt.

Und selbstredend ein Husumer Fischgericht in einer der vielen gemütlichen Gaststätten.
So gestärkt, lassen sich dann Details noch besser entdecken. Wie die steinerne Krone und Initialen von König Friedrich VII. (dem von Dänemark) einschließlich Bau-Jahreszahl 1858 an der Zingelschleuse am Ende des Binnenhafens. Drüben, auf der anderen Straßenseite,im kostenlos zu betretenden Freigelände des Schiffahrtsmuseums, ist auf einer Tafel nachzulesen, wie dieses kleine Schleusenwunderwerk der Husumer Au »ganz von allein« funktioniert, sich nur durch die Kräfte der Natur öffnet und schließt.

Husumer Motiv

An der Zingelschleuse von 1858

So empfiehlt sich ein Besuch in der Kreisstadt von Nordfriesland auch dann, wenn man den Storm'schen Spuren nicht folgen will. Die stimmungsvolle Partie am Binnenhafen, der Bummel durch Altstadtstraßen mit Treppengiebelhäusern, der von Touristen und Einheimischen gleichermaßen »besetzte« Brunnen am Markt mit der stolzen Friesin samt Ruder in Bronze und das »Schiff von Uelvesbüll«, den im tiefen Schlick entdeckten, geborgenen, konservierten Frachtensegler aus dem Anfang des 17. Jahrhunderts, im Schiffahrtsmuseum, sind immer »gut« für einen ausgefüllten Urlaubstag.

Husumer Torhaus

Das Torhaus zum Schloß vor Husum. Ein beeindruckend schönes Gebäude in weiß geschlämmtem Backstein, mit mehrfach gestuften Schweifgiebeln. Und mit einem großen, die Rundbogendurchfahrt umfassenden Sandsteinportal. Baujahr 1612 und Spät-Renaissance läßt sich dazu in Unterlagen nachlesen. Nur, warum der Bauherr vor 389 Jahren in zwei Nischen des Portals die Göttinen Athene und Venus als lebensgroße Sandsteinfiguren stellen ließ, bleibt vermutlich sein Geheimnis. Erst recht, weshalb darunter zwei vollplastische Kriegerköpfe angebracht wurden.

Torhaus zum Schloß vor Husum samt Detail

Von der Hauptstraße sind es bis England nur noch wenige Meter. England/Nordstrand, versteht sich, nicht England/Großbritannien.
England liegt etwa in der Mitte von Nordstrand. Die meisten Häuser stehen auf dem Binnendeich, der zugleich auch die höchst schmale Fahrstraße hergibt. Platz ist rar auf der Insel, damit muß man sparsam umgehen.
Früher hieß dieses England »Engelland«. Und hatte - heute kaum noch vorstellbar - einen Hafen. Da wurde vor allem Torf angelandet.
Die Fahrrinne soll eine ziemlich verschlickte Angelegenheit gewesen sein. Was den dänischen König Frederik VII. anno 1862 nicht hinderte, zwecks Inspektion der Insel hier mit seinem Schiff einzulaufen. Galt doch früher der Grundsatz: »Besser schlecht zu Schiff als miserabel zu Land«. Die Straßenverhältnisse, sie waren damals oft nicht so.
Auf dem Landweg wäre der königliche Besuch ohnehin nicht möglich gewesen. Zu der Zeit war Nordstrand noch ohne Anbindung an das Fest-

Ein paar Schritte nur bis England...

land. Der Damm, auf dem heutige Inselbesucher problemlos nach Nordstrand fahren können, wurde erst 1935 gebaut.

Auf eine wesentlich längere Geschichte kann die Kirche in Oldenbüll zurückblicken. Sie hat - damals wie heute auf hoher Warft stehend - schon die schlimme Sturmflut von 1634 überstanden. An der Kirchenmauer findet man noch eine Grabplatte, die das Ableben eines Mannes anno 1604 meldet.

Ganz jung, dafür springlebendig, sind die Schafe auf dem Deich. Sie gehören zur Insel wir die Nordsee, die Watten, die Gräben, das flache, weite Land und die Deiche.

Deich- und Wattwanderungen und - wenn das Wetter dafür taugt - ein Bad in der Nordsee sowie natürlich gutes Essen und Trinken stehen stets auf dem Nordstrander Urlaubsprogramm.

Häuser hinterm Deich

Nordseeluft

Die Damen und Herren Kurdirektoren und die Fremdenverkehrsvereinsvorsitzenden verkünden es unisono, die Ärzte an der Küste zwischen Büsum und Sylt erläutern es wissenschaftlich: Nordseeluft ist über alle Maßen gesund.
Der urlaubende oder kurende Gast erlebt es bereits nach wenigen Tagen: Man atmet freier, fühlt sich entspannter, kehrt »zum aufrechten Gang zurück«.
Dr. Oscar Louis Scheby-Buch hat es bereits im Jahre 1895 in seinem Buch »Nordseebad Sanct Peter und Ording« mit einem Satz auf den Punkt gebracht: *»Denn an der Nordsee thut es nicht das Wasser, sondern die Luft.«*

Spaziergang an der Brandungslinie der Nordsee

Vereint am Nordseestrand

Ebbe und Flut

Beginnende Ebbe: die erste Sandbank fällt trocken

Ebbe und Flut, auch die Gezeiten genannt, sind ein Wunder der Natur und des Kosmos. Experten können genau erklären, wie das alles zustande kommt. Mit den Vokabeln wie Gravitationskraft, Zentrifugalkraft im Erde-Mond-System, mit der Resultierenden aus dem einen zum anderen, mit vertikalen und horizontalen Kraftanteilen. Und so fort.

In Kurzform: Die Massenanziehung des Mondes und der Sonne in Verbindung mit der Erdumdrehung lassen diese wiederkehrenden Wasserstandsänderungen, die Tiden, entstehen. »Hauptschuld« hat eindeutig der Mond. Seine Anziehungskräfte wirken am stärksten auf die Wassermassen der Weltmeere ein.

So richtet sich die Dauer einer Tide, bestehend aus einer Flut und einer Ebbe, in der Nordsee auch nicht nach der Erde, sondern nach Mondtagen. Eine Tide dauert im Mittel einen halben mittleren Mondtag. Das sind 12 Stunden, 25 Minuten. Zwei Tiden ergeben somit 24 Stunden, 50 Minuten, also etwas mehr als einen Erdentag. Weil das so ist, verschieben sich die Tidenzeiten von Tag zu Tag. Die werden vorausberechnet und in Jahrestidenkalendern veröffent-

Priel bei Ebbe

licht. Und zwar differenziert nach den verschiedenen Küstenorten der Nordsee, da neben den astronomischen Faktoren auch die geographische Lage des Ortes und die Topographie des vorgelagerten Meeresgrundes zu berücksichtigen sind.

Stehen Sonne, Mond und Erde in einer Linie – alle 14 Tage bei Neu- und bei Vollmond – addieren sich die Wirkungskräfte erheblich. Eine Springtide mit deutlich höheren Flutständen ist die Folge. Aber es dauert, bis sich die Gezeitenflutwelle vom Atlantik bis zur Nordsee vorgearbeitet hat. Hier trifft die Springtide erst mit dreitägiger Verzögerung ein. Kommt zur Springtide anhaltend kräftiger Sturm aus westlichen Richtungen, ist eine Sturmflut garantiert.

Nipptide mit niedrigerem Flutstand als normal tritt – nach drei Tagen – ein, wenn (von der Erde aus gesehen) Sonne und Mond zueinander im rechten Winkel standen.

Dem guten alten Mond da oben sei jedenfalls sehr herzlich gedankt. Dafür, daß er uns an der Nordseeküste (fast) zweimal täglich eine Tide mit Ebbe und Flut beschert, dieses großartige Schauspiel der Natur, das Staunen lehrt.

Faszination Watt

Eben noch war hier Land - jetzt ist hier Meer. Eben noch war hier Meer - jetzt ist hier Land. Im immerwährenden Wechsel, im Rhythmus der Gezeiten.

Das Watt, dieses einzigartige, immer wieder faszinierende »Meer-Land«.

Bei Ebbe auf trockengefallenem Meeresboden spazierenzugehen, dort, wo noch vor ein paar Stunden die Nordsee meterhoch stand, ist immer wieder ein Erlebnis ganz eigener, ganz besonderer Art. Durchaus real, und doch - im Empfinden - auch irgendwie ein wenig »unwirklich«.

Endlos erscheint das Watt zur Zeit der vollen Ebbe. Wasserreste glitzern in der Sonne. Das abfließende Wasser hat Rippeln geformt, in un-

Wattenmuster

Start zur geführten Wattwanderung

terschiedlichen Mustern, je nach Fließgeschwindigkeit und Bodenstruktur. Weiß leuchten Muschelschalenfelder.

Durch Priele fließt noch immer Wasser ab, hin zur Nordsee, die sich weit und immer weiter zurückgezogen hat. Bis jetzt, etwas mehr als sechs Stunden lang. Nun aber ist der absolute Niedrigwasserstand erreicht. Die Flut setzt ein, die Nordsee kommt zurück, schiebt sich unaufhörlich Meter für Meter über den Wattenboden Richtung Küste, steigt und steigt. In den Prielen strömt das Wasser schneller, kommt auch »hinterrücks«. Höchste Zeit für den Wattwanderer, das sichere Ufer zu erreichen.

Wattwanderungen beginnt man bei ablaufendem Wasser. *»Mit dem Wasser rausgehen, nie umgekehrt«*, sagen die Einheimischen. Und: Den Tidenkalender exakt kennen und beachten. Niemals bei Nebel und Nebelwarnung ins Watt gehen. Außerdem: Kommt zu einer Springtide anhaltend kräftiger Westwind, gar Sturm, steigt die Flut schneller und höher.

Empfehlenswert: Geführte Wattwanderungen mit konzessionierten Wattführern. Immer spannend, unterhaltsam, lehrreich.

»Ich liebe Watt«!

Wildgänse

Manche Gäste sind besonders schleswig-holstein-treu. Sie kommen immer wieder. Zweimal pro Jahr, und das ein Leben lang.
Die Rede ist von Zugvögeln. Genauer: von Durchzugvögeln, die im Frühjahr und Herbst auf der Reise zu oder von ihren weiter nördlich liegenden Brutplätzen hier kürzer oder länger Zwischenstop einlegen.
Wie zum Beispiel die Wildgänse. Im Frühjahr sind sie an der Nordseeküste und auf den Halligen in großen Mengen zu beobachten. Tausende fallen auf die Vorländer und die Wiesen ein, laben sich am frischen Grün und können ganze Flächen in kurzer Zeit ratzekahl fressen. Die »Hinterlassenschaften« liegen dann dicht an dicht.
Im Herbst kommen sie auf dem Rückweg wieder durch. Auch in der Nähe von Seen und Tümpeln sind sie jetzt in größeren oder kleineren Trupps anzutreffen. Weil es mit frischem Wiesengrün zu der Jahreszeit schon schlechter aussieht, werden nun auch Koppeln mit Wintergetreide und die im Lande zahlreichen Winterrapsfelder aufgesucht. Stärkung muß schließlich sein – für die Weiterreise.
Landwirte können sich für diese auf ihre Kulturen einschwebenden »Mitesser« meist weniger begeistern. Verständlich.
Für alle anderen aber ist es ein imposantes Erlebnis, eine rastende, eine aufsteigende oder einfallende Wildgänseschar zu beobachten. Im Frühjahr kommen Natur- und Vogelliebhaber zum

Land hinterm Deich

Teil von weit her an die schleswig-holsteinische Nordseeküste, um die Zugscharen der Wildgänse zu beobachten und zu fotografieren. Die Vögel sollten nicht gestört werden, deshalb sind Fernglas und »weitreichende« Fotooptik zu empfehlen.

Ornithologen und alle, die in der Schule in Biologie brav aufgepaßt haben, wissen natürlich, daß Wildgans nicht gleich Wildgans ist. Da gibt es Unterschiede, wie zum Beispiel Ringelgans, Bläßgans, Graugans, Saatgans, Weißwangengans und Kanadagans.

Freuen aber kann man sich an diesen treuen Gästen auch dann, wenn man nur soviel erkennt: »Wildgänse ziehen übers Land«.

Felder, Weiden, Sielzüge zur einen, Nordseewasser zur anderen Seite: die Landesschutzdeiche, die äußeren Deiche, trennen Land und Meer.

Weil die Deiche im flachen Land der Marschen die höchsten Erhebungen sind, ist der Ausblick von der Deichkrone weit und ungehindert. Nicht nur das Meer, auch das »Land hinterm Deich« hat von hier oben betrachtet seinen ganz eigenen Reiz.

Reetdachkirche, Schleusenkrug und Binsenflechterei

Einfach zu finden war die Kirche von Klanxbüll nicht. Weil das Gotteshaus außerhalb des Ortes steht. Und weil kein weithin sichtbarer Kirchturm den Standort anzeigt: Die Klanxbüller Kirche hat keinen hochaufragenden Turm. Nur einen niedrigen, separat stehenden hölzernen Glockenturm.

Das Kirchlein stammt aus dem mittleren 13. Jahrhundert und wird als *»bemerkenswerter spätromanisch-frühgotischer gewölbter Backsteinbau«* beschrieben.* Das wirklich Besondere: Das Kirchendach ist vollständig mit Reet eingedeckt. Dreigestuft, dem aus Schiff, Chor und Aspis bestehenden Baukörper entsprechend. Auch Innen-

Die reetgedeckte Kirche von Klanxbüll und ihr freistehender Glockenturm

besichtigung ist möglich. Ein kleiner Aushang verrät, wo sich der Besucher den Kirchenschlüssel ausleihen kann.

Wo Klanxbüll liegt? In der Wiedingharde. Also in Nordfriesland, auf dem Festland, auf der Landkarte »ganz oben links«. Anschließend beginnt Dänemark.

In der kleinen Siedlung Rosenkranz gab es einen Grenzübergang. Der kleinen, gemütlichen, nachbarschaftlichen Art. Geöffnet war täglich von 8.00 Uhr bis 22.00 Uhr. Seit dem 25. März

Über das Leben in Rosenkranz vor 100 Jahren wurde so berichtet:

*»Die Bewohner ernähren sich vorzugsweise von Viehzucht und pachten zur Heu- und Reetgewinnung die fiskalischen Ländereien, namentlich die Niederungen an der Wiedau. (...) Andere Erwerbszweige sind Bootfahrt, Fischerei, Binsenfleichterei. (...) Schilf und Binsen werden zu Matten und Bändern verarbeitet und fuderweise ausgeführt.«***

* In »Kunst-Topographie Schleswig-Holstein«, Karl Wachholtz Verlag Neumünster; Auflage 1989

**In »Topographie des Herzogtums Schleswig« von Henning Oldekop 1906. Verlag Lipsius & Tischer Kiel

2001 ist das Vergangenheit. Zwar liegt jenseits noch immer Dänemark und diesseits Deutschland. Aber jetzt mit freier Fahrt hinüber und herüber. Im nunmehr auch hier »grenzenlosen Europa« ohne Paßkontrolle.

Neben der vormaligen Grenzstation lädt der »Alte Deutsche Grenzkrug« zu Speise und Trank. Der besteht, sagt die Wirtin, seit 1742. Früher hieß er »Schleusenkrug« und die Gäste kamen per Boot. Die Wiedau, dänisch Vidaa, fließt hinter dem Haus vorbei. Der Rutebüller See liegt daneben.

Wiedingharde

Hof in der Wiedingharde

Bis ins 17. Jahrhundert hieß die Wiedingharde Horsbüllharde. Genannt nach dem Ort Horsbüll, der bereits 1231 als Horsbü, 1426 als Horsbul bezeugt ist. Horsbüll war in der Horsbüllharde schon im hohen Mittelalter - neben Rodeness (heute Rodenäs), Nienkerke (Neukirchen) und Klanxbüll - Kirchdorf.

Harden, das waren im Nordfriesischen vormals (Selbst-) Verwaltungsbezirke, über Jahrhunderte mit eigenem geschriebenem und ungeschriebenem Recht und eigener Rechtsprechung.

Als sich im Jahre 1426 die Vertreter von sieben nordfriesischen Harden in der Kirche von Boldixum auf Föhr versammelten und die »Siebenhardenbeliebung« beschlossen, war auch die Horsbüllharde dabei. Die »Siebenhardenbeliebung« ist die älteste bekannte schriftliche Aufzeichnung der Rechte der nordfriesischen Harden.

Im nördlichen Nordfriesland blieben historische Namen von Harden in den Bezeichnungen von Amtsbezirken erhalten: Bökingharde, Karrharde und Wiedingharde. Der Name Wiedingharde soll abgeleitet sein vom Flüßchen Wiedau, dänisch: Vidaa.

Nach alten Unterlagen wurde der Alte Wiedinghardener Koog 1436 eingedeicht. Wieder eingedeicht, vermuten andere. Dr. Goslar Carstens

Am Rutebüller See in der Wiedingharde

hat in seinem Aufsatz »Deichwesen und Deichrecht«* dazu unter anderem ausgeführt:
»Im nördlichen Teil befinden sich die ältesten Deiche auf der ehemaligen Insel der Horsbüll- oder Wiedingharde. Die vorhandenen Warftdörfer und einzelnen Warften sind ein Zeichen dafür, daß die Insel bereits vor der Bedeichung bewohnt war. Schon 1000 n.Chr. werden auch dort die ersten Deiche entstanden sein. Nähere Angaben fehlen. In dem gewöhnlich als Zeit der Errichtung der Deiche angeführten Jahre 1436 werden wahrscheinlich nur Ausbesserungen und Erhöhungen nach der gewaltigen Flut desselben Jahres vorgenommen sein.«

Bis in unsere Zeit hinein ist die Wiedingharde durch Neueindeichungen im Westen gewachsen. Durch den Neuen Wiedinghardener Koog, den Friedrich-Wilhelm-Lübke-Koog und den Rickelsbüller Koog. Der Rickelsbüller Koog ist Naturschutzgebiet, unbewohnt.
Übrigens: Wer mit dem Autoreisezug nach Sylt fährt, quert hinter Niebüll diagonal auch die Wiedingharde. Aber wer – außer den Einheimischen – weiß das schon?

* Veröffentlicht in »Nordfriesland«, herausgegeben von Dr. L.C. Peters. Verlag C.F. Delff, Husum 1929.

Insel seit 8000 Jahren

Nordseebrandung vor Sylt

Wenn jemand behauptet, er sei reif für die Insel, weiß jeder, was gemeint ist: Sylt ruft! Denn dieses 99-Quadratkilometer-Eiland in der Nordsee ist nicht irgendeine, es ist »die« Insel. Jedenfalls nach unumstößlicher Meinung der hunderttausendfachen Fangemeide. Sylt, das ist nicht einfach ein Urlaubsziel. Sondern - wie's im *»Insel-Lifestyle Magazin Sylt Classics«* steht - eine *»Feriendestination«*. Eine der beliebtesten überhaupt, versteht sich.

Selbst jene, die im Urlaub auf Galerienansammlungen und Events rund um den Kalender, auf Szene-Treffs, »In«-Lokale und allerlei Schicki-Micki lieber verzichten, erkennen an: Sylt ist noch immer einzigartig. Nirgendwo brandet die See kräftiger auf den Strand und gegen die Küste. Und noch immer gibt es weite Strecken mit wunderbarer Dünenlandschaft, gibt es die beiden Wanderdünen von List und den 40 Kilometer langen, feinen Sandstrand. 26,7 Quadratkilometer der Insel stehen unter Naturschutz.

Zwischen Hörnum im Süden und List im Norden erstreckt sich Sylt auf 38,5 Kilometer Länge. An der breitesten Stelle mißt die Insel 12,5 Kilometer, an der schmalsten Stelle aber nur 700 Meter. Von drohendem Durchbruch bei einer schweren

Sylt = Söll

Sylter Strand

Sturmflut ist die Rede. Die seit 1972 durchgeführten alljährlichen Sandvorspülungen an den gefährdeten Uferabschnitten sollen die Insel vor weiterem »Abtrag« schützen. Ein breit und flach auslaufender Strand nimmt den Wellen die Wucht. Aber Sandvorspülungen sind nur von begrenzter Dauer, müssen stets erneuert werden.

Vor etwa 8000 Jahren wurde Sylt vom Festland abgetrennt und zur Insel. Sylt hat sich also schon lange wacker gehalten gegen die »nagende« See. Insulaner und Gäste hoffen, es möge so bleiben. Vorerst für weitere 8000 Jahre.

»Die Bewohner selbst nennen ihre Insel Söll; (...) Alte Schreibweisen lauten 1231 Syld, 1421 Sildt, 1435 Tsilt, 1523 Sylt. Die heute gebräuchliche offizielle Form scheint auf dänischen Einfluss zustande gekommen zu sein. Die Bedeutung des Namens ist dunkel.«

(Aus: *»Die Orts- und Flurnamen Nordfrieslands« von J. Schmidt-Petersen, herausgegeben vom Nordfriesischen Verein für Heimatkunde. Im Kommissionsverlag: Buchhandlung C.F. Delff, Husum 1925)*

Sylt – immer

Sylt ist eine Insel. Trotz Hindenburgdamm. Der ist die Nabelschnur der Insel. Über ihn rollt auf Eisenbahnrädern, was Sylt braucht. Essen und Trinken und alle anderen Güter. Und die Touristen. Die benötigt Sylt am dringendsten. Ohne sie würde die Inselwirtschaft in Rekordtempo den Kollaps erleiden.

Aber sie kommen ja, die Gäste. Treu und brav und nicht nur zu sommerlichen Hochsaisonzeiten. »Sylt für das ganze Jahr« verkündet die Werbung. Wer will da abseits stehen? So um Weihnachten und Silvester melden die Kurdirektoren und Fremdenverkehrschefs zwischen List und Hörnum zumeist mit zufrieden-bedauerndem Tonfall: »Ausgebucht«. Sylt zwischen den Jahren – das ist es!

Wer es leerer mag, kommt davor. Oder danach. Sylt im Spätherbst, im Winter, bringt sie wirklich: die ganze Erholung. Ein einstündiger Strandspazierkampf gegen Windstärken um 9 aus Südwest macht müde Menschen munter.

Wintersylt ist Streßabbau. In Rekordzeit.

Leuchtturm Hörnum-Odde

Badeordnung Westerland – anno 1894

Am Kurstrand von Westerland

»Bade-Ordnung. Damen sowohl wie Herren haben am Strande ihre Badekarte der Oberwärterin bezw. dem Oberwärter abzugeben und erhalten dafür eine Marke, deren Nummer beim Freiwerden einer Badekarre aufgerufen wird. Der Oberwärter (die Oberwärterin) ist angewiesen, auf die Badenden acht zu geben, sie vor gefährlichen Stellen im Wasser zu warnen und ihnen im Notfalle Hülfe zu gewähren. Am Herrenstrande befindet sich ein Rettungsboot, mit dessen Führung die Badewärter vertraut sind. Am Damenstrande liegt für jede Karre eine Badeleine (Leitseil) aus, und sind außerdem Wurfstöcke mit Rettungstauen vorrätig. An jedem Strande befindet sich außerdem ein Rettungsapparat.
Das Baden ist nur an den mit Tafeln als Herrenbad (Damenbad) bezeichneten Plätzen, und zwar unter Benutzung einer Badekarre, nur von 6 Uhr morgens bis 2 Uhr nachmittags erlaubt, und sobald die Flaggen am Strande und auf den Dünen eingezogen sind, untersagt. Auch dürfen der Damenstrand und die längs derselben belegenen Dünen von Herren nicht betreten werden, so lange die Flaggen dort aufgezogen sind. (...) Das Baden am Herrenstrande darf nicht ohne Benutzung von Badehosen stattfinden.«

(Aus: *»Griebens Reisebücher, Band 55. Die Ost- und Nordsee-Bäder.« 6. Auflage; 1894)*

Sylter Broterwerb

Man stelle sich das vor: Sylt ohne Fremdenverkehr.
Nicht auszudenken!
Und doch - einst war es so. Da mußten die Inselfriesen ihr täglich Brot ganz anders verdienen: als Fischer nämlich und als Matrosen und Speckschneider auf den Walfangschiffen der Hamburger und Holländer vor Grönland und Spitzbergen. Später waren die Sylter als Steuerleute und Kapitäne auf den Handelsschiffen fremder Flaggen in aller Welt bekannt, gefragt und berühmt. Sie brachten Geld auf die Insel, Wohlstand gar für die Familien. Aber viele kehrten auch nicht zurück. Sie waren mit ihrem Schiff untergegangen, starben in der Ferne am »gelben Fieber« oder wurden

An den langen Stränden von Sylt

Gesehen in Keitum

von nordafrikanischen Seeräubern gekapert, gefangengenommen und als Sklaven verkauft. Der Frauenüberschuß auf Sylt war folglich groß. Die Armut in den Häusern der Witwen und Waisen auch.
Ackerbau und Viehhaltung wurden betrieben, auf Feldern, die immer wieder vom Flugsand der Wanderdünen bedroht und vernichtet wurden.
Möweneier sammeln und Stricke aus Dünengras drehen gehörten zu den Tätigkeiten, mit denen man sich durchbrachte. Ach ja, dann gab

es noch das Strandgut. Die Schiffe, die in früheren Jahrhunderten auf den Sandbänken vor der Insel strandeten, durch Sturm und hochgehende See auf Strand und Küste geworfen wurden, füllen die Chroniken Seite um Seite. Da wurde - Strandrecht hin, Strandrecht her - von den Insulanern einfach abgeräumt.

Kurzum: Man kam zurecht. Auch wenn im Winter die Insel infolge Eisgangs oft tage- und wochenlang vom Festland abgeschnitten war.

Dann, um 1850, kamen die ersten Badegäste. Anno 1856 gründeten die Herren Dr. Roß aus Altona und Wulf Manne Dekker aus Westerland die Seebadeanstalt. Drei Jahre später wurde - »*auf Kosten der Actionäre*« - im Seebad Westerland ein zweites Hotel errichtet.

1860 klagt der Keitumer Schullehrer und berühmte Inselchronist Christian Peter Hansen: »*Die Begründung des Sylter Bades und Vermehrung des Fremdenverkehrs veranlaßten aber den Bau von Wirtshäusern fast in jedem Dorf der Insel und damit den jetzigen großen Consum geistiger Getränke auf der Insel.*«

Kein Wunder, daß sich im selben Jahr der Sylter Enthaltsamkeitsverein auflöste.

1862 wurde das Seebad Westerland von 500 Badegästen besucht. Im Jahr, nicht im Monat. Chronist Hansen konstatierte, das alte, derbe, solide, sittlich ernste Wesen der Sylter sei im Schwinden; jeder wolle glänzen, man jage dem Vergnügen nach.

Heute kommen jährlich mehr als 600.000 Gäste. Tagesausflügler und Zweitwohnungsinhaber noch zusätzlich.

Könnte C.P. Hansen doch die Insel jetzt erleben. Was er dann wohl schreiben würde?!

So viel steht fest: Als Dünengrasdreher oder Strandguträuber muß heute kein Sylter sein täglich Brot verdienen. Man hat ja die Touristen. Reichlich.

Zitat

»*Der Inselfriese liebt vor allem das Geld, und seine Fehler entspringen fast alle aus dieser Liebe - auf Sylt wie auf Föhr.*«

(Aus: »*Chronik der friesischen Uthlande*«, *von C.P. Hansen, zweite Auflage; 1877)*

Erdgeschichte »aufgeblättert«

Am Morsumkliff

Das Morsumkliff auf Sylt: 10 Millionen Jahre Erdgeschichte freigelegt, an der 20 Meter hohen Abbruchkante der Steilküste. Geologen können erklären, wie es erstanden ist, dieses großartige Naturdenkmal mit seinen unterschiedlichen Schichtungen, Erdarten, Farben. Urmeere mit ihren Ablagerungen, Kaltzeiten und Warmperioden, Landsenkungen und Landhebungen, sowie von den Eiszeiten herantransportierte Gebirgsschutt- und Bodenmassen haben in unvorstellbar langen Zeiträumen mehrerer Erdzeitalter die Schichten des Landes entstehen lassen. Die vorletzte Eiszeit - vor »erst« 500.000 Jahren - sorgte sodann mit den machtvollen Schubkräften Kilometer hoher Eisberge für »Stauchungen«. Die bis dahin vertikalen Ablagerungsschichten verschoben sich gestaffelt in eine schräge Lage, wurden teilweise hinter- und nebeneinander »umsortiert«, wie hier am Kliff eindrucksvoll zu erkennen ist. Die Dünen oben auf dem Kliff sind jung, erst in den letzten 1000 Jahren von der heutigen Nordsee aufgeweht.

Kräfte der Natur mit Wind, Regen, Frost, mit hochauflaufender Flut, mit der Schmirgelwirkung aufgewirbelter, windgepeitschter Strandsände verändern das Kliff unentwegt. Sie lassen diese imposante Steilküste »leben«, schaffen neue Abbrüche und Formen, sowohl im Großen wie in oft bizarren Details. Dadurch bleiben auch die verschiedenen Farben des Kliffs stets »frisch«.

Das Morsumkliff und die aufgewehte Dünenwelt sind Naturschutzgebiet. Auf Bohlenstegen oben erwanderbar. Die ganze Schönheit des Kliffs erschließt sich dem Betrachter vom Strand aus. Am eindrucksvollsten bei schon tiefstehender, seitlich scheinender Sonne.

Friesengiebel

So bauten die Inselfriesen früher: Über der Haustür ragte der Spitzgiebel auf. Und zwar in der Mitte der Längsfront des Hauses. In aller Regel waren die Bauten einstöckig. Mit Sprossenfenstern. Das Dach reetgedeckt und tief heruntergezogen. Unter dem Dach der Heuboden.
Architektur der im Grunde einfachen, vor allem aber der harmonischen Form.
Manche der typischen Spitzgiebelhäuser der inselfriesischen »Uthlande« haben seit ein-, zwei- und zweieinhalb Jahrhunderten die Zeiten überlebt. Sie sind, renoviert und gepflegt, im Innern modernisiert, der einstige Heuboden zum deckenschrägen Wohnraum ausgebaut, wahre (und teure) Schmuckstücke. In Keitum auf Sylt gleich dutzendfach zu bewundern.
Weil Spitzgiebelhäuser der »alten« Inselfriesen so schön sind, wird heute wieder in (fast) gleichem Stil gebaut. Eine posthume Anerkennung der Bauleistung der Altvorderen.

Giebel in Keitum

So ist das mit Kampen

Am Roten Kliff von Kampen

In »den Kreisen« sind sie selbstredend stets bekannt - die »Sylt-VIP-da-trifft-man-sich-Zeiten«. Dann stehen in Kampen mehr Nobelkarossen als auf dem Werksgelände von BMW. Kampen hat so seinen Ruf. Und seine Klischees. Beides, so scheint es, nicht ungern. Wo sich die Partygesellschaft der abgehobenen Geldklasse trifft, rollt eben der Rubel, Pardon: der Euro. Im Info-Magazin »Natürlich Sylt«, herausgegeben von der Bädergemeinschaft Sylt GmbH, liest sich das unter anderem so: *»Die große Küche genialer Küchenchefs, Aperitifs und Digestifs, Weine und Champagner der edelsten Marken (...) Kampen ist aber auch Shopping auf hohem internationalen Niveau. Hier weht der Duft der großen Marken (...) vom Designer zum Juwelier (...)«*

Und die Straße »Strön-Wai« ist (Achtung: Klischee) noch immer die bekannteste Whisky-Meile nördlich der Alpen.

Begonnen hat das alles um 1952. Als nach Weltkrieg II das später so genannte deutsche Wirtschaftswunder seinen Anfang nahm. Und als das berühmte Westerland-Werbeplakat erschien, auf dem eine total hüllenlose Lady sich in die Nordseebrandung wirft. In den noch sexmoral-verklemmten 1950er-Jahren geradezu eine Sensation. Dem Plakatvorbild taten es wohlgeformte junge Damen der damaligen »Fräulein-Wunder-Generation« gern nach: »topless« von Kopf bis Fuß in die Nordseefluten steigen. Am Strand

Dünenwelten

Der Sand kommt!
Aktive Wanderdüne auf Listland/Sylt

von Kampens später legendärer Buhne 16 begannen Champagnernächte.

Der Wahrheit die Ehre: Im Kampen von heute trifft man auch viele Gäste, deren Foto garantiert noch in keiner Ausgabe der Regenbogenpresse veröffentlicht wurde. Leute wie »du und ich« eben, die keine 300 PS unter der Motorhaube ihres Autos haben.

An dem langen, breiten, weißen Strand Kampens, begrenzt vom großartigen Roten Kliff, treffen sich dann alle. Die VIPs und die Nicht-VIPs, die Ausgeschlafenen und jene, die nachts auf langer Theken-Tour waren. Die letzteren kommen später zum Strand. Viel später.

Von der Straße Kampen-List aus sind sie zu sehen, Sylts aktive Wanderdünen. Gleißend heller, bewuchsloser Sand, in langer Front bis 35 Meter hoch aufgetürmt, mit einem windgeformten messerscharfen Grat. Zwischen 3 bis 10 Meter, so berichten die Sylter, wandern die beiden Dünen jährlich landeinwärts. Hier läßt sich erahnen, wie es gewesen sein mag, als die gesamte ausgedehnte Dünenwelt der Insel noch »ungezähmt« war. Und langsam, aber unaufhaltsam über das Land wanderte. Dadurch Felder, Dörfer, Kirchen unter sich begrub. Die vielen, dicht an dicht gestaffelten, beeindruckend hohen Altdünen veranschaulichen, welche ungeheuren Massen feinsten Sandes sich einst windgetrieben über die Insel bewegten.

Sand und Dünen werden an den Stränden auch heute noch aufgeweht. Zum Beispiel am sogenannten Ellenbogen, auf Listland, im äußersten Inselnorden. Und im Süden, auf Hörnum-Odde. Sylter Dünenwelten – wunderbare Natur.

Düne auf dem sogenannten »Ellenbogen«

Abends fallen die Wildgänse ein

Der Tisch für den Austernfischer ist reich gedeckt

Die Vögel im Watt

Anfang Mai. Die 20-Uhr-Sonne steht tief über der Munkmarscher Bucht auf Sylt. Ebbe setzt ein. Strandnahe Wattflächen fallen nach und nach trocken. Es ist Abendbrotzeit der Meeresküstenvogelwelt. In der ruhigen Abendstimmung sind die Rufe der verschiedenen Vögel klar und ungestört von Fremdgeräuschen zu hören. Drei Brandentenpaare in unverwechselbarem vornehm-farbigen Federkleid sind schon da. Auch stelzenbeinige Rotschenkel. Einige Säbelschnäbler mit ihrem gebogenen Schnabel. Und flinke Strandläufer. Auf der ersten Sandbank stolziert eine Schar Austernfischer, schwarz-weiß gefiedert, mit rotem Augenring und spitzem, langem, rotem Schnabel. Mit tiefen, sonoren »rott-rott-rott«-Lauten fliegen, von Land kommend, mehrere Trupps Ringelgänse ein, landen im seichten Wasser.
Was für Bilder! Natur zum stillen Genießen.

Zu den Seehundsbänken

Traumwetter Mitte Mai. Strahlende Sonne, wolkenlos blauer Himmel. Die 22-Grad-Temperatur läßt schon Sommer fühlen. Eine sanfte Brise fächelt aus Ost. Die nur leicht bewegte Nordsee reflektiert das Himmelsblau.
Also auf, mit »Adler VI« ab Hörnum/Sylt zur kleinen Seefahrt, Richtung Seehundsbänke.
Schon kurz hinter dem Hafen setzt der nette junge Mann mit dem Piratenkopftuch, ein Nationalpark-Betreuer, ein kleines Grundschleppnetz aus. Nach kurzer Fahrstrecke wird es wieder eingeholt. Erstaunlich, was alles gefischt wurde: Krebse, Muscheln, Seesterne, Meeresschnecken. Sie kommen alle in ein kleines, transportables, mit Meerwasser gefülltes Bassin. Und werden dann, Stück für Stück, vom National-

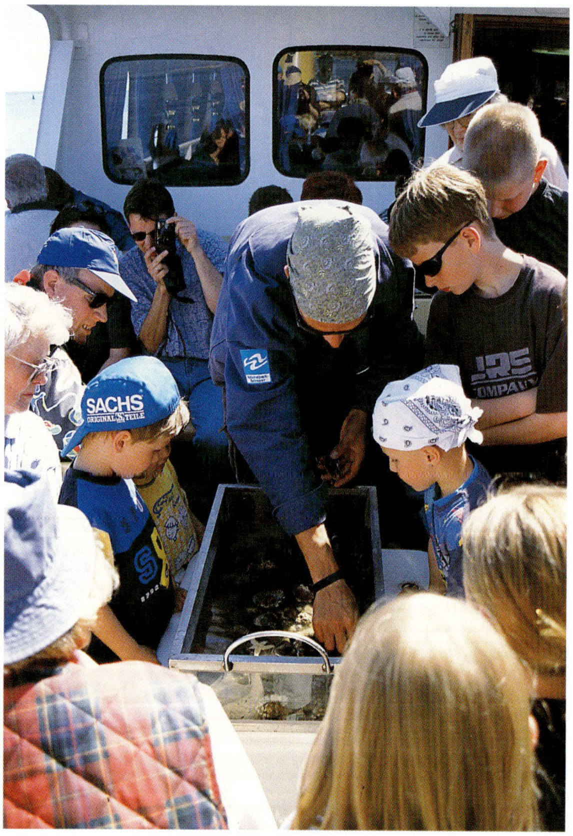

Meergetier ganz nah – spannend für die Kinder auf der Fahrt zu den Seehundsbänken (oben)

park-Betreuer den Fahrgästen gezeigt und erläutert. Vor allem die Kinder sind begeistert. Von der Strandkrabbe, einem Krebs, der sich seitwärts fortbewegt und deshalb hier an der Küste Dwarslöper genannt wird. Vom Einsiedlerkrebs, der in fremden Muschel- oder Schneckenschalen – bevorzugt Wellhornschnecke – wohnt und sein okkupiertes Gehäuse mit sich trägt. Von den niedlichen Seesternen, die mit raffinierter Saugtechnik besonders gern die fest verschlossenen Miesmuscheln öffnen und die Muschel sodann verspeisen. Alle diese kleinen Meerestierchen kann man vorsichtig in die Hand nehmen, an-

Maritimer Hausbesetzer

fühlen, ganz nah begucken. Leuchtende Kinderaugen! Übrigens: Danach wird der Fang wieder ausgesetzt.
Dann ist die Sandbank erreicht. Aber die ist hier und jetzt total überflutet. Sei es, daß der Wind »falsch« stand. Sei es, daß die Abfahrtzeit des Schiffes nicht so recht zur Ebbe- und Flutsituation paßte. Keine trockengefallene Sandbank, keine darauf ausruhenden Seehunde!
Das, erklärt der Kapitän über Bordlautsprecher, sei eigentlich gar kein Problem. Wenn man nur die Wasserfläche gut im Auge behielte, würden sich die Seehunde schon zeigen. Und in der Tat, während das Schiff bei langsamer Fahrt ein paar Runden dreht, tummeln sich an Steuerbord- und Backbordseite Seehunde im Wasser. Bieten gewissermaßen eine Seehunde-Aktions-Extraschau. Mal tauchen die niedlichen Köpfe auf. Mal zeigt ein abtauchendes Tier die Schwanzflosse. Und dort, zwei Seehunde Kopf an Kopf, genau: Schnauze an Schnauze. Da fragt man sich: Küssen Seehunde? Schade, das Schiff nimmt wieder Kurs auf Hörnum-Hafen. Tschüs, Seehunde! Gefallen hat die 1½-Stunden-Tour allen.
Bei der nächsten Fahrt hat es geklappt: Ruhende Seehunde auf der Sandbank. Ein Naturerlebnis. Fahrten zu den Seehundsbänken starten auch von anderen Nordseehäfen.

Amrum solide

Die Inseln Nordfrieslands sind unterschiedlich. In ihrer geographischen Gestalt sowieso. Aber auch - wenn man so sagen darf - in ihrem Charakter. Einst soll es - der Sage nach - drei Schwestern gegeben haben im Uthland: Sylt, Föhr und Amrum. Sylt galt als die extravagante, Föhr als die ländliche, Amrum als die solide. Amrum - solide. Das trifft. Und hat erkennbar Auswirkung auf die Gästestruktur. Das meint: VIP-Jet-Set-Cliquen à la Kampen auf Sylt werden sich nicht nach Wittdün, Steenodde oder Nebel »verirren«. Um Fehldeutungen zu vermeiden:

Der Kniepsand - scheinbar endlos

Friesenhaus auf Amrum

Amrum solide - ja, langweilig oder verschlafen - nein. Den Gästen wird alles geboten, was zu einem konkurrenzfähigen touristischen Angebot heute so dazugehört. Nur man hebt dabei nicht ab, bleibt eine Spur bodenständiger und beschaulicher. Solide eben.

Nicht Designer-Shops, »In«-Lokale und Galerien sind die Hauptattraktion von Amrum. Sondern die Natur ist es. Der unvergleichliche Kniepsand, die Dünen, die Nordseebrandung.

Motiv auf einem der historischen Gedenksteine auf dem Friedhof von Nebel / Amrum

Weiße Düne

Von der Aussichtsdüne bei Wittdün ist es eindrucksvoll zu erkennen: Viele Dünenberge haben auf der der See abgewandten Seite »offene Flanken«, sind dort unbewachsen. *»Unsere weißen Dünen«*, sagen die Amrumer zutreffend. Denn diese freiliegenden Dünenhänge leuchten hell im Sonnenlicht.

Milliarden und Aber-Milliarden einzelner kleinster Sandkörner, von der Nordsee gewaschen, von der Sonne gebleicht, vom Wind, vom Sturm in unendlich langen Zeiträumen aufgeweht zu 10, 20, 30 Meter hohen Dünen. Dazwischen Mulden, Senken, Täler.

Wenn auch die meisten Amrumer Dünen heute »stehen«, durch Dünenschutzanpflanzungen »festgelegt« sind – mit der ewigen Kraft des Windes wird doch weiter umgeformt. Die offenen Dünenhänge und »Sandfahnen« in der Luft zeigen es an.

Der Dünenwanderer auf der Aussichtsplattform genießt den Panoramaausblick auf Amrums südliche Dünenwelt. Dahinter der Kniepsand, diese an Amrum »angedockte« riesige Sandbank. Und dann – fast schon am Horizont – die Nordsee. Durch die Dünen führen feste, schmale Bohlenstege. So ist dieses großartige Gebiet einerseits für Wanderer erschlossen. Andererseits wird diese durchaus sensible Naturlandschaft geschont, werden auch die vielen hier lebenden, rastenden, brütenden Vögel nicht über Gebühr gestört.

Naturbilder am Meer

An der Küste auf Föhr. Die dunklen, windzerzausten Wolken eines späten Herbstnachmittags im Schein einer sinkenden Sonne. Glitzernde Lichtstreifen im Watt. Großartige Naturbilder für einen kurzen Augenblick.

Inseln und Halligen

Es gibt Inseln und es gibt Halligen. Inseln sind zum Teil, sind abschnittsweise durch Steilküsten oder Dünenketten, insbesondere aber durch Landesschutzdeiche gegen die See abgeschirmt. Profil, Höhe und Stärke dieser Deiche sind so berechnet, daß sie auch kräftigen Sturmfluten und höchsten Wasserständen trotzen (Irrtum im extremen Ausnahmefall vorbehalten). Halligen sind im Prinzip auch Nordseeinseln, nur eben unbedeicht, ungeschützt. Eigentlich. Und Jahrhunderte lang. Die See, die einst die Halligen geschaffen hat, war dabei, sie wieder zu nehmen. An den niedrigen, ungeschützten Halligkanten nagte die Erosionskraft jeder Flut. Sturmfluten

Auf Hallig Langeneß: Der Halligflieder blüht.

Vom Meer aus sind auf den Halligen nur die Häuser auf den Warften zu erkennen

führten nicht nur zu häufigen Überschwemmungen der Halligen, zu »Landunter«, sondern auch zu erheblichen Landabbrüchen, Landverlusten. Um 1640 war – zum Beispiel – Hallig Hooge etwa 1440 Hektar groß, heute sind es nur noch rund 560 Hektar, das sind 5,6 Quadratkilometer. Um ein völliges Verschwinden der Halligen zu verhindern, wurden zum Teil Steinkanten gesetzt und – wie auf Hooge – ein sogenannter

Sommerdeich errichtet. Sommerdeiche sind deutlich niedriger und weniger stark als die Landesschutzdeiche, die »Winterdeiche«, der Inseln und der Festlandküste.
Hooge wird jetzt durch einen Sommerdeich bis zu einem Wasserstand von 1,50 Meter über dem Mittleren Tidehochwasser (MTHW) gegen Überflutung geschützt. Läuft bei einer kräftigen Sturmflut das Wasser höher auf, meldet auch Hooge wieder »Landunter«. Das geschieht – viel seltener als vor dem Bau des Sommerdeiches – durchschnittlich noch immer einige Male im Jahr. Und deshalb ist auch Hooge weiterhin eine Hallig. Eine Hallig, auf der die Häuser wie zu allen Zeiten dicht gedrängt auf Warften stehen. Warften, die nach der schlimmen Sturmflut vom 16./17. Februar 1962 noch erhöht oder mit einem ergänzenden Ringdeich versehen wurden.

Hallig Hooge

Hallig Hooge – rund 5,6 Quadratkilometer klein und absolut eben. Im Wortsinn: überschaubar. Rundherum ist Nordsee und sie ist immer ganz, ganz nah. Manchmal, wenn »Landunter« ist und die Hallig »blank läuft«, noch viel näher. Dann ist Hooge sozusagen abgetaucht und nur die neun bewohnten Warften ragen wie einzelne Inseln knapp aus dem Meer.
Ein älterer Einwohner erzählt:
»Wir sind noch etwa 100 Einwohner, haben eine Schule mit zwei Klassen, einen Kaufmannsladen und natürlich unsere bekannte Kirche.«
Die Kirche steht – wie könnte es anders sein – auf der Kirchwarft, ist klein und drinnen so richtig anheimelnd. Statt des fehlenden Kirchturms steht für sich ein hölzerner Glockenstapel. Neben der Kirche das – viel größere – Pastorat.

Die Kirchwarft auf Hallig Hooge. Das höhere Gebäude links ist das Pastorat, rechts die Kirche

Der ältere Herr berichtet weiter:
»Hooge lebt jetzt vor allem vom Fremdenverkehr. Es kommen viele Tagesgäste, jedenfalls in den Sommermonaten. Aber auch an Urlauber wird vermietet. Die Landwirtschaft bringt ja hier nichts mehr. Und die vielen Ringelgänse im Frühjahr fressen dem Vieh auch noch das Gras weg.«
Die Ringelgänse während ihrer Zwischenaufenthalte im Frühjahr und Herbst weiden auf Hooge in großen Scharen ungestört. Darauf hat man sich mit den Naturschützern und den Behörden geeinigt. Die öffentliche Hand zahlt Entschädigungen.
Abends, wenn das letzte Schiff abgelegt hat und damit auch die letzten Tagestouristen abgereist sind, tritt Ruhe, Stille ein. Nur die Rufe der Vögel sind zu hören und der Wind. Friedliche, einsame Abendstimmung. Hallig-Stimmung.

Warft auf Hallig Hooge

Hooger Omnibus für den Transport der Tagestouristen

Vor dem Deich

Foto: Regine Scharnweber

An Eiderstedts Küste bei Westerhever. Hier endet das feste Land. Das Vorland, das Watt, die See, Sonne und Wolken komponieren zauberhafte Küstenbilder.

Die grüne Insel

So wird Pellworm genannt: die grüne Insel. So ist die Insel in der Tat: grün. Rund 30.000 der insgesamt 37.000 Hektar Inselfläche werden landwirtschaftlich genutzt. Davon 75 Prozent als Wiesen- und Weideland – und das ist naturgrün. Im Mai sind goldgelbe Tupfen eingesprenkelt: der Raps blüht. Auch die Außen- und Binnendeiche zeigen sich grasgrün, das Vorland salzwiesengrün. Keine »wilden« Dünen, kein heller Sandstrand. Die Häuser vielfach einzeln stehend auf Warften oder in niedriger kleiner Reihe auf Binnendeichen. Es paßt alles zusammen.
Die grüne Insel Pellworm vermittelt dem Besucher das Gefühl von Ruhe und Beschaulichkeit, von friedlicher Welt. Erholsam – im ursprünglichen Sinn.

Helgoland

Helgoland gehört zum Kreis Pinneberg. Aber zu behaupten, die Helgoländer würden sich so richtig als Kreis-Pinneberger fühlen, wäre ziemlich daneben. Helgoländer sind Helgoländer. Punkt! Verständlich, leben sie doch auf ihrer kleinen Insel mitten in der Nordsee runde 70 Kilometer vom deutschen Festland entfernt. Also ziemlich für sich. Abgesehen von den touristischen Heerscharen, von denen die allermeisten allerdings auf Tagestour sind und nur ein paar Stunden bleiben.

Aber Helgoland ist weder Königreich noch eigene Republik. Der rote Sandsteinfelsen gehört seit 1890* zu Deutschland. So muß alles seine verwaltungsrechtliche Ordnung haben. Präzise gesagt: Helgoland gehört zum Kreis Pinneberg. Der Leiter des Kreisarchivs, Kai Wittig, hat auf Anfrage mitgeteilt, seit wann das so ist. Durch »Verordnung über die Neuordnung der Landkreise« vom 1. August 1932 wurde Helgoland mit Rechtswirkung vom 1. Oktober 1932 dem Kreis Pinneberg zugeordnet. Das erscheint ein wenig verwunderlich, zumal aus heutiger Sicht. Schließlich liegen die Kreise Steinburg und Dith-

* Helgoland historisch:
Seit 1402 im Besitz der Schleswiger Herzöge, also deutsch. Ab 1714 unter dänischer Herrschaft. Als Mit-Verlierer der napoleonischen Kriege (man hatte sich auf die ›falsche‹ Seite gestellt) verlor Dänemark die Insel an England. 1890 waren den Engländern Gebiete in Wituland, in dem damals sogenannten »Deutsch-Ostafrika«, sowie Interessenzugeständnisse in Sansibar wichtiger als Helgoland. Man wurde sich tauscheinig: Helgoland war wieder deutsch.

marschen (etwas) dichter an Helgoland. Und die Kreisstadt Pinneberg obendrein nicht an der Küste, sondern ziemlich »mitten im Land«.
Kai Wittig kennt die ganze Geschichte: Vor 1932 hat Helgoland tatsächlich zu Dithmarschen gehört, war zeitweise sogar ein eigener Kreis. Und warum dann zum Kreis Pinneberg? Dadurch wurde sichergestellt, daß die Helgoländer wichtige Behörden, wie Kreisverwaltung, Amtsgericht und Finanzamt, am besten erreichen konnten. Weil nämlich der Schiffsbäderverkehr von Helgoland nach Hamburg ging (und geht) und von Hamburg in die Kreisstadt Pinneberg schon anno 1932 eine Vorortzugverbindung bestand. Jedoch nicht in die Kreisstädte der Kreise Steinburg und Dithmarschen.
Bei dieser 1932-er Regelung ist es geblieben. Offenbar zur Zufriedenheit aller Seiten.

Helgoland – Deutschlands einzige Hochseeinsel (Foto: Kurverwaltung Helgoland)

Höchst notwendige Schlußbemerkung

Der Autor – ein Schleswig-Holsteiner, ein Kieler – ist zwei Jahre lang durch »sein« Land zwischen den Meeren gewandert und gefahren, hat oft auch »Station« gemacht, hat mit Einheimischen und Gästen gesprochen. Er hat notiert und fotografiert, was ihm typisch erschien für Land und Leute, heute und gestern. Dazu gehören nicht nur die touristischen »Highlights«, sondern auch die »kleinen Dinge« am Rande. So hat sich – hoffentlich – ein informativ-unterhaltsames Kaleidoskop über dieses schöne Land im Norden zusammengefügt.

Allerdings war Vollständigkeit weder möglich noch beabsichtigt. Beispielhaft, exemplarisch wird Schleswig-Holstein vorgestellt.

In diesem Sinne bitten Autor und Verlag um Verständnis, wenn in diesem Buch (zwangsläufig) »etwas fehlt«.

Orts- und Sachregister

A

Ahrensburg 99
Ahrenviöl 188
Albersdorf 196
Alter Eiderkanal 150, 170
Alter Wiedinghardener Koog 222
Alte Salzstraße 104
Amrum 195, 238
  Kniepsand 238, 239, 240
  Wittdün 238, 240
Amt Hütten 166
Angeln 19, 30, 32, 38, 152
Archäologisches Landesamt 148
Archäologisches Landesmuseum 178, 183
Arnis 19, 38-39
Aschberg 166
Aukrug 153
Aumühle 99

B

Bad Bramstedt 153, 156-158
Bad Malente-Gremsmühlen 66
Bad Oldesloe 99
Bad Schwartau 19, 86, 87
Bad Segeberg 73, 153-154
Bannesdorf 96
Bargenstedt 148
Behlendorf 112-113
Birkenmoor 47
Bismarckturm 32
Bistensee 167
Bökingharde 222
Boldixum 222
Borby 43
Bordesholm 159
Bothkamper See 150
Bredstedt 195
Breitenburg 100
Brodau 72
Brunsbüttel 146-147, 195, 198
Buckhagen 31
Büdelsdorf 153
Bülk 202
Bungsberg 12, 73
Burg / Dithmarschen 198
Burg / Fehmarn 96
Busdorf 180-181
Büsum 195, 198, 213

D

Damp 40
Dänischer Wohld 19, 47
Deiche 120, 198, 204, 212, 219, 222-223
Delve 198
Delvenau 106
Deutscher Marinebund e.V. 57
Dithmarschen 150, 152, 193, 195-196, 205
Drült 31

E

Eckernförde 19, 42-43, 45-46, 132
Eckernförder Bucht 19, 42
Eider 10, 12, 150-151, 169-170, 184, 190, 198, 204
Eider-Treene-Sorge-Niederung 192-193, 204
Eidersperrwerk 204
Eiderstedt 150, 195, 200, 202, 205, 246
Einwohner 12
Elbe 106, 115, 146
Elbe-Lübeck-Kanal 107
Ellenbogen *Siehe* Sylt 234
Elmshorn 99
Emkendorf 162-163
England/Nordstrand 211
Erfde 192
Eutin 19, 66, 68, 70-71, 132, 162
  Schloß Eutin 68-69

F

Farve 89
Fehmarn 12, 19, 96
Fischerei 140-141
Flensburg 19, 21-22, 26, 44
Flensburger Förde 19, 30, 33
Flensburger Rum 27
Föhr 195, 222, 229, 238, 241
Föhrden-Barl 157
Friedrich-Wilhelm-Lübke-Koog 223
Friedrichskoog 198-199
Friedrichsruh 99
Friedrichstadt 132, 153, 190-192
Füchtings Hof *Siehe* Lübeck

G

Garding 195, 201
Geesthacht 99
Gelting 30–31
Giselaukanal 184
Glinde 99
Glücksburg 19, 28–29
Glückstadt 99, 124, 158
Gottorf 176, 178
Gröde 195
Großer Plöner See 12, 64, 65
Großsteingräber 148
Groth, Klaus 186
Grünental 185
Gudow 102, 111

H

Habel 195
Haddeby 180
Haddebyer Noor 182
Haithabu 180–183
Halligen 242
Hallig Langeneß 242
Halstenbek 99
Haseldorfer Marsch 126
Hasselburg 92–93
Heide 195, 198
Heidelandschaft 186
Heiligenhafen 19
Helgoland 195, 248–249
Hemme 198
Hemmingstedt 196
Hennstedt 192, 198
Herzogtum Lauenburg, Kreis 10, 99, 102, 107, 111
Hohenfelde 61
Hohn 173, 192
Holm *Siehe* Schleswig
Holsteinische Schweiz 19, 66
Holtenau 146–147
Honigfleth 121
Hooge 195, 242–246
Hornheimer Riegel 150
Hörnum 224, 226
Hörnum-Odde 234
Horsbüll 222
Horsbüllharde 222
Husum 188, 195, 208–210
Hütten 166
Hüttener Berge 166

I

Itzehoe 99, 116–119

K

Kaiser-Wilhelm-Kanal *Siehe* Nord-Ostsee-Kanal
Kalkberg *Siehe* Bad Segeberg
Kampen 232–233
Kappeln 19, 35–37, 39, 132
Karl-May-Festspiele 155
Karrharde 222
Kating 201
Keitum 228, 231
Kellersee 66
Kellinghusen 99
Kiel 10, 19, 50, 52–53, 56, 106, 146
    Botanischer Garten 54–55
    Christian-Albrechts-Universität 55
    Hafen 53
Kieler Förde 19, 57, 146, 202
Kieler Woche 48
Klamp 60
Klanxbüll 220–222
Klevendeich 126
Knicks 63, 164–165, 167
Kniepsand *Siehe* Amrum
Knoop 162–163
Kohltage 197
Koldenbüttel 201
Königsmoor 153
Kotzenbüll 201
Krabben 199
Krempe 99, 122
Krempermarsch 99, 122
Krummsee 66
Kudener Kahnschiffergilde 198
Kurhessische Hausstiftung 60–61

L

Laboe 57
Landkirchen 96
Landrüh 172
Lauenburg 99, 106–107, 114–115
    Schipperhöge 114
Lauenburg, Kreis Herzogtum 102
Leuchttürme 202
List 224, 226, 233
Listland 234
Lübeck 10, 19, 73–74, 78–79, 83–84, 90, 106–107
    Füchtings Hof 80

Hartengrube 82
Holstentor 74–75, 90
Rathaus 76
Lübecker Bucht 19
Lunden 192, 198
Lütjenburg 19

M

Malente *Siehe* Bad Malente - Gremsmühlen
Mann, Thomas 10, 79
Marne 195, 198
Meldorf 195, 198
Mölln 99, 104–105, 132
Morsumkliff 230
Munkmarscher Bucht 235

N

Naturpark Lauenburgische Seen 99
Nebel 238
Neuendeich 126
Neuendorf 120
Neuer Wiedinghardener Koog 223
Neukirchen / Angeln 33–34
Neukirchen / Nordfriesland 222
Neumünster 153, 159–161
Neustadt 90
Niebüll 195, 223
Nieby 33–34
Nord-Ostsee-Kanal 12, 57, 106, 146–147, 150, 170, 184–185, 198
Norderoog 195
Norderstedt 99
Nordfriesland 193, 195, 209, 220, 222, 238
Nordmarsch-Langeneß 195
Nordsee 12, 14, 106, 150, 204, 213–216, 244
Nordstrand 195, 211
Nortorf 153, 168–169
Nütschau 100

O

Ochsenweg 156, 169
Oehe 30
Oland 195
Oldenbüll 212
Oldenburg i.H. 19, 94–95
Ostenfeld 192
Oster-Ohrstedt 188
Ostsee 12, 14, 42, 44–45, 84, 106
Owschlag 187

P

Pahlen 198
Panker 60, 62
Pellworm 195, 247
Pinnau 126
Pinneberg 99, 249
Pinneberg, Kreis 133, 248
Plön 19, 64, 66
Poppenbüll 200-201
Preetz 19, 58, 66
Priwall 84
Probstei 19, 57

R

Ratekau 88
Ratzeburg 99, 108–110
Ratzeburger See 83
Reet 134
Reinbek 99
Rellingen 99
Rendsburg 150, 153, 169–171
Rickelsbüller Koog 223
Rodenäs 222
Roest 30, 39
Rosarium Uetersen 133
Rosenkranz 220
Rotes Kliff, Kampen 233
Rum, Flensburger 27
Rundhof 31
Rutebüller See 221

S

Sachsenwald 99
Sankelmark 194
Satrup 31
Scheersberg 33
Schiffahrtsmuseum Flensburg 27
Schiffahrtsmuseum Husum 209
Schiffahrtsmuseum Kiel 56
Schiffergelag 26
Schlei 19, 30, 35–38, 174
Schleswig 153, 180, 182
Archäologisches Landesmuseum 176
Friedrichsberg 176
Holm 174–177
Museum für Kunst- und Kulturgeschichte 176
Schleswig-Holsteinisches Musikfestival 93
Schmielau 109
Schmoel 61
Schönwalde 73
Schülp 197

Schwabstedt 192
Schwale 161
Schwansen 19, 38, 40–41
Schwarzberger Moor 206
Schwarzenbek 99
Schwienhusen 198
Seehundsbänke 236–237
Seestermüher Marsch 126
Siebeneichen 107
Sieseby 41
Skulpturenpark Nortorf 168–169
Sorgbrück 173
Sorge 204
Sorgwohld 186–187
Sörup 31
Sparrieshoop 133
St. Annen 198
St. Ansgar, Benediktinerpriorat 100
St. Georgsberg 109
St. Peter-Ording 195, 201, 213
Stapelholm 192
Starigard *Siehe* Oldenburg
Stecknitz 106, 115
Stecknitzkanal 104, 106–107
Steenodde 238
Steinburg 99, 117, 123
Steinzeit 148
Stör 117
Storm, Theodor 187, 208
Storm-Museum 208
Stormarn 99
Süderbrarup 31
Süderlügüm 206
Süderoog 195
Südfall 195
Sylt 195, 213, 224, 226, 228, 238
  Ellenbogen 234
  Hindenburgdamm 226
  Hörnum 224, 226, 236
  Hörnum-Odde 234, 236
  Kampen 232–233
  Keitum 228, 231
  List 224, 226, 233
  Listland 234
  Morsumkliff 230
  Munkmarscher Bucht 235
  Westerland 195, 227, 229

T

Tellingstedt 192
Tetenbüll 201
Tetenhusener Moor 153, 172
Till Eulenspiegel 104
Tönning 150, 195, 201, 204
Trave 83, 106
Travemünde 44, 84, 85
Treene 190, 204
Treenemarsch 153

U

Uelvesbüll 208
Uetersen 99, 132–133
Unewatt 31

V

Vogelsang-Grünholz 40, 134
Vollerwiek 201

W

Waabs 41
Wagrien 19
Wahlstedt 153
Wakenitz 83
Wall-Museum Oldenburg 94
Watt 216, 235
Wedel 99
Welt 201
Wentorf 99
Wesselburen 195, 198
Wester-Ohrstedt 188
Westerhever 201–202, 246
Westerland 195, 227, 229
Westfehmarn 96
Westre 206
Westrefeld 206
Wiedau 221–222
Wiedingharde 220, 222
Wikinger Museum Haithabu 180–182
Wilster 99, 122
Wilstermarsch 99, 120–122
Windenergie 142
Windmühlen 152
Winnert 192
Wittdün 238, 240
Wittensee 167
Witzwort 201
Wöhrdener Kageln 198
Wyk 195

Z

Zahlen und Fakten 12

Reisebilder von Werner Scharnweber:

ISBN 3-86108-470-8*

ISBN 3-86108-465-1

ISBN 3-86108-482-1

ISBN 3-86108-475-9

ISBN 3-86108-492-9*

ISBN 3-86108-900-9

ISBN 3-86108-467-8

ISBN 3-86108-481-3*

ISBN 3-86108-463-5

ISBN 3-86108-910-6

ISBN 3-86108-911-4*

ISBN 3-86108-922-X*

ISBN 3-86108-907-6

ISBN 3-86108-493-7

ISBN 3-86108-905-X

ISBN 3-86108-946-7*

Alle Bände in Hardcover, Fadenheftung, durchgängig vierfarbig, ca. 192 Seiten, 20.90 €, bzw. *mit Schutzumschlag 22.- €

List
Sylt
Westerland
Rosenkranz
Klanxbüll
Glücksburg
FLENSBURG
Neukirchen
Niebüll
B 199
A 7
B 199
Gelting
Scheersberg
Föhr
Wyk
Sankelmark
Satrup
Angeln
Kappeln
Amrum
Langeneß
Süderbrarup
Bredstedt
B 200
B 201
Arnis
Wittdün
E 45
Schlei
Vogelsang
Hooge
B 5
Ahrenviöl
Schwansen
Schleswig
Pellworm
B 201
B 203
Nord-
strand
Husum
Haithabu
Busdorf
Aschberg
Westerhever
Friedrichstadt
Treene
Eckernförde
Eiderstedt
Tetenhusen
Witten-
see
St. Peter –
Ording
Tönning
Erfde
B 202
Rendsburg
A210
Eider-
sperrwerk
Eider
Emkendorf
Heide
Dithmarschen
B 203
A215
Helgoland
Bucht
Giselaukanal
Nord-Ostsee-Kanal
Nortorf
B 5
Büsum
Meldorf
Grünental
Deutsche
B 77
Burg
Neuendorf
Itzehoe
Bad Bramstedt
Marne
Wilster
Lägerdorf
Brunsbüttel
A 23
A 7
Glückstadt
Elmshorn
Neuendeich
Elbe
Uetersen